은유의 콩깍지

박효숙 시인은 전남 여수에서 태어나 오랜 시간 학교에서 아이들과 생활했다. 2012년 ≪스토리문학≫으로 등단, 작품 활동을 시작하였으며, 2016년 ≪리토피아≫에서 「물봉선화」 외 3편으로 신인상을 수상했다. 여수문인협회 회원이며 여수물꽃시낭송회원으로 활동 중이다.

이메일 hopak1115@hanmail.net

리토피아포에지 · 43
은유의 콩깍지

인쇄 2016. 5. 23 발행 2016. 5. 28
지은이 박효숙 펴낸이 정기옥
펴낸곳 리토피아
출판등록 2006. 6. 15. 제2006-12호
주소 402-814 인천 남구 경인로 77
전화 032-883-5356 전송032-891-5356
홈페이지 www.litopia21.com 전자우편 litopia@hanmail.net

ISBN-978-89-6412-063-7 03810

값 10,000

이 도서의 국립중앙도서관 출판예정도서목록(CIP)은 서지정보유통지원시스템 홈페이지(http://seoji.nl.go.kr)와 국가자료공동목록시스템(http://www.nl.go.kr/kolisnet)에서 이용하실 수 있습니다.(CIP제어번호 : CIP2016011448)

박효숙 시집

은유의 콩깍지

리토피아
LITERATURE & UTOPIA

자서

글자 몇 홉 빌어다가,
꽃도 그리고 나무도 심고 달도 품고……,
울타리를 치고 사랑도 키웠다.

조심스레 내려놓는 첫 발자국,
숨 한 번 고르며 잠시 돌아본다.

내게 시로 와준 모든 그대들,
사랑하는 그대들께 이 시집을 바친다.

2016년 4월
박효숙

차례

제1부 은유의 콩깍지

제2부 참새, 아침 열다

제3부 무말랭이의 꿈

제4부 바람의 유언

| 제1부 |

은유의 콩깍지

물봉선화

산들바람 새털구름 사이로 어김없이 네가 오는구나 가녀린 허리, 고운 얼굴의 누이처럼 오는구나 새끼손가락에 꽃지짐 해주던 버선발의 누이로 오는구나 아침이슬처럼 가만 가만히 오는구나 팔월 폭염 거센 비바람 재우고 또 재우며 비로소 네가 오는구나 이름 모를 잡풀들이 다투어 피어나던, 돌멩이 뒹구는 그 언덕, 다홍빛 물들이며 네가 나에게 오는구나 머무르는 곳마다 맑은 물 흐르고, 네 손짓 하나에도 물의 길이 트인다지 물이 꽃이 되고 꽃이 다시 물이 되어 젖는다 우화등선 나비처럼, 모든 것들의 처음으로, 배냇시절의 너를 안고 네가 나에게 오는구나

줄탁동시

젊은 날 언니 닮은 목련이 피었더라 전화하고 꽃 진 자리 섭섭한 그늘에 부신 햇살 이야기며 별이 떴다고, 비님이 오신다는 전화도 한다 아파트 마당에도 모란꽃이 피었더라, 언니들이 좋아하던 그 꽃, 삼백예순날 기다리던 옛집의 모란꽃으로 이어지고 후렴은 어머니 얘기로 한 꽃밭 넓게 펼쳐내기도 한다 국화꽃 피면 오너라 차 조심해라 아프지 마라 끼니 꼭 챙겨라 산길 혼자 걷지 마라 문단속 잘해라 제가 애긴가요, 주고받으며 날마다 톡톡 부르고 깨운다 서로의 음파에 귀 기울인다

늦가을 소국 같은, 이름도 모두 숙淑자 돌림인 세 분 언니, 스치는 손길 하나만으로도 내 귀퉁이는 윤이 나고 어둠 속에서도 꽃 밝은 잠을 청할 수 있다 큰언니라면 모를까, 기껏해야 두 살 위인 셋째언니까지도 나를 아가라고 부른다 호호 할머니가 된 나를 막내라니, 가끔은 실소도 하지만, 그래도 그 말에 은근히 물든다 달근해서 당긴다 기꺼이 어미닭의 병아리가 된다 마른 가지 움 틔우는 햇살의 부리, 괜찮다 괜찮아 토닥토닥 내미는 꽃잎의 손, 나는 날마다 부화된다 부활이다

맑은 날

개울을 곁에 끼고 걷는 숲길, 길 따라 오르는 발길과는 달리 마음은 물소리 따라간다 발걸음 멈추고 뒤돌아보니 멀리 보이는 산도 가까이 서 있는 나무들도 입춘 지난 눈빛 푸근하다 섬돌 위에 앉아있는 정갈한 고무신과 어디선가 다듬이 소리 들릴 것 같은 낯익은 뜰, 키 낮은 돌담의 홍매화 가지 위로 햇살이 톡톡 꽃봉오리 빚는다 햇볕을 당기느라 연못 위 홀로 처진올벚나무는 올올이 제 깃털을 허공으로 띄운다 작은 나무 대문 열면 외할머니 금방 맞아줄 것 같은 안중지인眼中之人 선암사, 아들과 함께 기와불사 하며 올 한해 소원도 새기고 와송 곁에서 따뜻한 차 한 잔으로 화엄에 든다 무릎 위에 앉은 햇볕에게도 고마움 건네는, 설 초하루 한나절이 둥둥 떠 맑게 흐른다

역류성 식도염

모래밥을 먹고 있었지
쓰디쓴 바닷물을 울컥울컥 삼키며,
바람의 묵음默音으로 북쪽 벽엔 허옇게 곰팡이가 자라나고
해질녘엔 삭정이 가슴이 조였어
보이는 것은 모래성처럼 무너지고
보이지 않는 것들이 그녀를 문밖으로 밀어내고 있었지
발효되지 않는 말들이 밀물처럼 치밀려와
밭은기침을 만들고 죄를 만들고 감옥이 되었어
식사의 끝은 그녀가 원할 때 오는 것이 아니라서,
자리를 박차고 일어날 수도 없어서,
목련 가고 모란이 피고 다시 목련 오도록
그녀는 모래밥을 쉬지 않고 먹어야 했어
누군가 잔디도 한 줌, 조개껍데기도 약간 넣어주었지
문밖에 일찍 온 적막을 불러들여
무너진 돌담 속에서 같이 저물었지
밀물이 모래를 휩쓸며
해안을 넘어 산기슭까지 밀려왔어

어떤 심심풀이

빈 하늘 바라보다 한 잔 하고
꽃이 피고 지는 사이사이 한 잔 하고
시 한 편 낭송하다 솔깃한 그리움에 한 잔 하고
산길에서 주운 바알간 낙엽 두어 장 마주보며 한 잔 하고
굳은 혀를 풀려고 이따금 한 잔 하고
상강 지나 마음 바빠진 겨울 어깨가 움츠려들어 한 잔 하고
스러지고 차오름이 내 마음 같은 달 보며 한 잔 하고
창문에 하나둘 불 켜지면 한 잔 하고
밤을 밝히는 빗소리도 불러서 한 잔 기울고
우리 언제 한 잔 하자는 얘기에 마음으로 미리 한 잔 나누고
이 남아도는 나를 어찌해야 할까,
탁자에 앉아 한 잔 홀짝이며 적막해지다가
문득, 꽃들을 바라보며
안녕? 얘들아, 한 잔 할래?

비탈진 잠

내 안에 불 켜는
카페 에스프레소 한 잔,
베갯잇에 찍힌 별무늬들이 낱낱이 곤두선,
새벽 세 시의 창밖은 칠흑이지
머릿속 전두엽과 후두엽 사이
틈 없는 틈새를 노리다가
나의 밤을 기습한 점령군은 백색白色이지
깜깜할수록 두 눈은 밝아지고
비에도 젖지 않는 잠의 홀씨들,
생각은 얽히다가 풀리다가 되감기다가,
허상은 갈래로 갈라지고 뒤엉키다가,
에티오피아의 어느 커피농장을 헤매다 돌아오지

액셀러레이터를 밟아도 뒤로 밀리는,
비탈진 밤이지

새벽 산책

새 시詩 같은, 새소리
굴참나무는 우뚝 솟아오르고
숲속 아침이 개울물 가락으로 흐른다
깨어있는 길은 적요 속의 절간,
바람에 씻지 않은 발은 들여놓지 않는다
'쉿, 풀잎 위에 잠든 물별들 깰라,
바람아! 쪽담을 넘지 마라
어제 밑줄 친 달개비 꽃은 오늘도 무심이구나'
쪼그려 앉아 시 한 구절 음미하며
달처럼 떠오른 내가 산길을 가면
가끔은 꽁지 긴 별 두어 개,
어느 날은 새벽달이 뒤따라와
기다리던 그이처럼 함께 아침을 넘기기도 하는데,
무우전無憂殿 뜰, 한 권의 시집 속에
나는 조요로운 현絃으로 놓인다

소묘

-수수밭을 지나며

언덕배기 비탈밭 수수 몇 그루,
파마하는 여자의 그물망을 머리에 쓰더니
순교 당한 이교도처럼 모가지 없는 몸뚱이,
눌변訥辯의 발자국만 서성서성 모였다
날짐승 한 마리 날아오지 않는 몸,
이제 동네 아이들은
더 이상 수수깡을 갖고 거룩하게 놀지 않는다
별 초롱초롱해 더 무서웠던
밤의 밑둥치에 엉덩이 찔린 호랑이가 뒹굴던
그 수수밭 이야기에 귀 기울이지 않는다
올해도 뚱뚱감자 꽃들은 환하게 피었건만
담 너머로 넘겨주고 넘겨받던 수수팥떡,
수수한 사람들의 수수한 정담은
어머니와 함께 산길을 넘어가 돌아오지 않는다
산길은 아이들도 데리고 산을 넘어가
다시는 돌아오지 않는다

스타킹starking

우화羽化의 주인공,
배불뚝이 못난이는 그의 별명이다
꽃대를 세우기 위해
굳은살 박이도록 날갯짓을 하며
오늘도 우직하게 삶의 간격을 메운다
산 너머 송전탑이 웅웅거린다
한 걸음 한 걸음이 절명의 순간,
두려움의 날개는 오히려 더 단단해져
1초에 200번도 더 넘게 제 몸을 쳐서 허공을 건너며
하루 200키로 이상의 여정旅程을 써내려 간다
날마다 조마조마 발끝 들리며 비상飛翔을 꿈꾸는,
들꽃 위의 호박벌

몸으로 읽는 경전經典이다

겨울 표정

햇볕이 좋아
창으로 든 볕에 발목을 담그고
와선臥禪에 들었다가 출출해서 깨어나
멸치 국물 우려내고 배추김치 고기 조금 다져
청국장을 끓인다
제 맛에 관심을 기울여달라는 듯
잊을 만하면 내 입맛을 잡아끄는
청국장 내음이 꼭 닫힌 온 집안에 왁자하다
온 세상 꽁꽁 얼어붙는 겨울이면
온돌방 구들목 이불을 뒤집어 쓴 항아리 하나
노릇하게 쿰쿰하게 익어가고 있다
그리움의 표정들, 겨울이면 생각나는
부드럽고 푸근하고 구수한 손 맛,
기억이 나를 앞지르기 시작했다.

지붕 아래 모든 것이 훈훈해지는
한 뚝배기 청국장

경외의 방

언젠가 본 적 있는
알래스카 높은 빙산 녹아 흐르는
연둣빛 물소리의 영상이다
제 단단함의 서슬만이 빛나고 있는
외롭고 깊은 겨울 자작나무 숲이다
하얀 기둥과 벽 비행접시 같은 전등불이
맑고 서늘하고 희고 푸르다
숨결로, 몸짓의 바람으로
내레이션 없이 완성되는 무언극,
멈추고 삼키는 작은 톱날과 손가락과
저릿저릿 파고드는 쇠꼬챙이 걸음마다
가슴이 울리고 울리며
펼쳐진 책장은 벌써 한참 넘겨지고 있다
십자고상 위에 얼음처럼 굳어져도, 그녀
무늬만 남긴 기도와 고해告解는 더듬거렸지만,
낯선 시간의 고요를 날날이 귀로 읽는다
비명非命의 한 꽃송이 털어내는 날,
성가롤로 수술실이다

고전古典의 부엌

모퉁이에 핀 봉숭아꽃처럼
부뚜막에 앉아서 감자를 먹은 적 있다
닮은 듯 닮지 않은 형제들 마냥
수壽와 복福의 명패를 단 놋쇠주발과
알록달록 각각의 생을 가진 질항아리는
어머니 예지叡智로 늘 반짝거렸다
누대로부터 물려받은 침침한 천정과
가슴의 열꽃 활활 태우던 아궁이와
눈물 마르지 않았던 입 꼭 다문 무쇠솥은
시름도 꽃으로 피워낸 어머니의 시詩였다
불빛 꺼지지 않은 기도의 성소聖所였다
누이와 여인들이 주재하던 치외법권 방이었다
조용조용 달그락거리던 그릇 소리,
은은한 솔향기로 스치던 어머니 치맛자락은
나를 깨우는 새벽 노래였다
해거름이 어둑어둑 수묵으로 번지면
쪽문으로 별빛이 숨어들고

이 빠진 버들무늬 접시 위로 달이 사뿐히 내려앉던,
옛집 부엌

기압골의 집

물손이 받친다고
여름 어느 날 내린 비가 바다로 가지 못한다고,
그림자 길어지는 옛집을 밀어내고 새집을 짓는다
입성하는 포크레인에게 길을 내주느라
늙은 백성처럼 감나무들은 무릎을 오그리고,
제 온몸을 아낌없이 공양해온 비파나무들도
한쪽 어깨를 깊숙이 잘리었다
풀과 꽃과 나무의 이력이,
무수한 기도문이 자리한 장독대도 지워졌다
뿌리에 뿌리를 이어 대를 잇던 대나무밭은
붉은 흙을 쿨럭쿨럭 쏟아내기도 한다
오래 된 요통으로 후들거리던 돌담이 있던 자리,
철사로 뼈대를 세운 거푸집이 들어서더니
맞장이라도 뜨려는 듯,
콘크리트 담장이 짱짱하게 어깨에 힘을 실었다

우기 며칠 전부터 뼈마디 저려오는 나처럼
그 옛집, 지금 팔 다리 쑤시고 등이 결린다

나는 밤의 부엌이 좋다

자다 깨면
공연히 슬퍼지기도 하는데,
슬며시 방문 열고 가볼 만한 곳은 역시 부엌,
세상에서 가장 고요한 한 문장이 나를 기다린다
파란불이 꽃처럼 피어나고
주전자에 물 끓는 소리,
찻잔 부딪는 소리,
가지런히 놓인 그릇들의 명징한 얼굴,
어느 날은 부엌 쪽창 기웃거리는 빗소리도,
부엌의 속삭임들은 맑은 종소리처럼 들리고
이내 밤의 고요를 키운다
고요힘에 귀를 히니 더 달이주면
그 고요의 물무늬들, 쌓여서 밤은 새벽으로 간다
잠 깨는 밤이 아니라면
세상에 이런 고요의 방이 있다는 걸 어떻게 알기나 하랴
차 한 잔 심심深深하게 풀어보는
나는 깊은 밤의 부엌이 좋다

나의 시도 그렇다

산길을 걸으며,
모퉁이 풀꽃들의 지난한 여정이
굴참나무 잎이 바람과 나누는 말들이
어쩌면 시가 될 순 없을까
구차한 생각으로 더디 걷는 오르막길,
장난하듯 누군가 톡 어깨를 치고 길섶으로 구른다
탯줄 떨어진, 굴참나무 열매다
손 안의 시 한 톨,
이제 막 홀랑 포대기를 벗고 어리둥절 어지럽다
아직도 꿈꾸고 있는 중이다
잠이 덜 깬,
나의 시도 그렇다

도토리묵

명절을 앞두고 도토리묵을 만든다 구수한 추억을 남기려면 달뜨는 냄비를 다독거려 서서히 누그러뜨리는 은근함이 필요하다 그래야만 쫀득쫀득한 묵으로 거듭날 수 있다 사랑도 그렇다 아픈 기억은 어쩌면 너무 서두르기만 한 열정 탓인지도 모른다 묵묵하게, 고요의 한나절을 보내야만 서늘하게 피어날 수 있다 도토리묵을 먹으면서, 나는 가끔 사랑을 생각한다 부드러움에서, 매끄러운 살빛에서, 젤리처럼 감기는 감칠맛에서, 또 그 떫고 씁쓸한 뒷맛에서, 아슬아슬한 젓가락질에서 사랑을 읽는다 가끔은 진지한 젓가락질 끝에 한 순간에 깨져버리는 도토리묵에서 조심스러워 오히려 깨져버린 지난 어느 사랑의 눈빛을 읽는다

풍경의 풍경
—대숲

꿈은 때로 먼 곳을 재생한다
소슬하고 아늑하고 어둑한 적요의 다큐멘터리,
시간의 부러진 가지 끝을 잡는다

대숲 새 한 마리, 종소리로 울리면
뭇 새들이 음계音階의 계단을 밟고 내려와
마당도 부엌도 댓돌 위 신발들도 깨어나고,
단발머리 계집애 하나 깨금발로 나온다
그늘 죽순처럼 돋아나던 아이들과
어둠이 되어 돌아오는 새들의 수런거림으로
저녁의 골목은 여전히 젊고 푸르다
하늘로 향하는 기도처럼
허공에서 푸른 풍금소리 쏟아내는 대숲,
세상의 빛과 바람과 습기를 걸러 마을을 키운다
하늘에서 대숲까지,
명주실 같은 하얀 빛이 가슴을 서늘하게 하던 곳,

빛을 따라 나오는
어머니, 별, 아이들, 골목길, 그리고 소 울음
눈을 감아야만 갈 수 있는,
풍경의 풍경이다

은유의 콩깍지

가을 돈부콩이 탱글해요 아직 설익은 놈들이 서로 손을 잡고 있어요 콩이 익어가는 텃밭 햇살 아래에서는 도란도란 이야기도 들려와요 깍지 속의 콩 같은 형제들이, 깍지 속의 콩들처럼 둘러 앉아, 완두콩 강낭콩 메주콩 쥐눈이콩 울타리 콩…… 깍지를 철따라 한나절씩 또르르 풀어내곤 했어요

세상은 막 물오른 콩깍지 속처럼 푸르고 평화롭기만 했지요 연녹색 방안에선, 풋내 나는 놈들을 놓칠세라 어머니는 탯줄을 뻗쳐 악착같이 붙잡고 있었고요 얌전히 기다리고 있는 놈이 있는가 하면, 이마 또글한 놈들은 손끝만 닿아도 봉숭아씨처럼 톡톡 튕겨져 멀리멀리 날아가곤 했어요 방이 깨지고 탯줄이 끊어지는 순간 몇 놈은 훌쩍 어디론가 내빼기도 했지요

어느 가을, 멀리 날아간 놈들이 왕 밤톨이 되어 돌아왔다는 얘길 들은 적이 있어요 훌쩍 내뺀 놈들이 금의환향했다는 소문이 바람결에 들리기도 했지만, 나는 아직도 깍지 속 탯

줄을 꽉 잡고 있어요 여물어 한 번도 톡톡 튄 적도, 울타리 밖으로 내빼지도 못했지요 어린 시절 숨어있는 콩깍지 속에서 누가 나를 좀 꺼내주세요

명부冥府를 엿보다

꽃 한 송이 스쳐가듯
순간, 거미줄에 씌인 나비 한 마리
호명을 기다리는 저 안쓰러운 숨결,
절해고도, 꽃 파도 일렁인다
불현듯 햇살은 온기를 거두고
누군가 벗어놓고 간 옷 한 벌처럼
오월 한낮에 오동꽃 떨어진다
명부전冥府殿 주문呪文은 단단하게 여며지고
허공을 붙잡는 나비 날개 파르르 떨리더니
이내 바람 무늬로 고요하다
내려놓으니 무겁지 않다
아무 일도 아니라는 듯, 아무 일도 없었던 듯
잠시 멈추었던 구름은 다시 하늘로 흘러가고
낮은 새소리 무연히 울린다
한 개의 문을 사이에 두고
이승과 저승은 눈 깜짝할 사이다

| 제2부 |

참새, 아침 열다

서릿발

제 주인에게 다하지 못한 말을 허연 이 드러내어 으르렁대던 TV 동물농장에서 본 강아지 소름 돋는 차가운 눈빛, 당겨진 활시위처럼 팽팽한 서쪽 창가에 어떤 말 못할 눈물샘이 있어 셔터 내린 앙다문 입술로 뿌드득 이까지 갈아댈까

등을 찌르는 칼날로 돋아
결코 깃들 수 없는 사랑과 증오의 통증으로 굳어진
저 꽃,

빛을 보내는 누군가와 순응하며
부드럽게
따뜻하게
균열이 필요한 그대

벌 한 마리가

바람 우쭐대는 무대 위
옆 터진 스커트의 그녀를
뚫어보며 재빠르게 움직여요
정열의 탱고 리듬,
시간이 정지된 듯한 그리움의
내밀한 떨림은 단 1초
멈추지 않는 시간 속에 길을 내며
헬리콥터 날개 곡예비행도 해요
'사랑해' 라고 그녀에게 써 내려간 문장은
아득한 바람의 무늬, 언제나 그의 과거형
노랗게 묻어나는 기억을 털어내며
문득 소스라치는 스윙 댄스
주파수 날리는 손가락 끝이 바빠요
앞뒤로 몸 흔들며 흘낏 보다가
주섬주섬 두 다리 챙겨 가는
드라마에서 본, 그 남자
이내 흔적도 없이 사라지는

줄무늬 바지 날렵한 푸른 턱의 카사노바,
꽃밭을 온통 점령해 버린
벌 한 마리

바람소리 잠시 들었을 뿐이었어

내가 민들레처럼 조그마했을 때
할머니는 그냥 그 자리에
처음부터 할머니라고 생각했어
"쯧쯧쯧, 어제 청춘 오늘 백발이라더니"
귀밑머리 매만지며 거울 보시던
할머니의 한숨어린 구성진 푸념도, 내겐
나비의 숨소리처럼 향기로운 가락이었어
토독 토독, 두레박줄에 매달린 물방울 음표들이었어
날아가는 초승달도 잡고 싶었던 능선 너머
저절로 열리던 굽은 골목길
할머니 등 뒤로 고향의 뒷산이 솟고
새로 바른 국화꽃무늬 봉창가로
무수히 쌓인 별빛이 보이면
우리 할머니 '우렁각시' 얘기를 또 들려 주셨어
새들 날아간 자리엔 텅 빈 구유 하나
늦가을 나목, 꽃들은 얼룩이 지고
새벽하늘에 떠가는 무채색 낯선 구름

우렁각시 얘기 듣던 작은 아이 등 뒤로
노을 끝자락 잡고 달리는 저녁,
할머니도 한때는 풀잎처럼 싱그러웠어
지저귀는 작은 종달새였어

나는, 바람소리 잠시 들었을 뿐이었어

접두사 '개'

개연꽃 개두릅 개살구 개복숭아 개별꽃 개머루 개부처손…… 참 것이나 좋은 것이 아닌 질이 떨어지는 보잘 것 없거나 변변치 못한 '개' 라는 접두사

참꽃과 개꽃은 진달래와 철쭉의 속명, 식용의 꽃을 중시했던 조상님 지혜라 치더라도, 나름으로 손색없이 한 인물 하는데도 부당하게 디스 당하는 개싸리 개쓴풀 개여뀌꽃 개쑥부쟁이처럼, 아름답기가 주객전도 되어 수모를 겪는 개별꽃 개연꽃처럼, 아침마당 휴먼다큐 방송 후 산속의 귀하신 몸 개두릅 개살구 개복숭아처럼 '개'도 도리를 다하면 부처가 될 수도 있다는 개부처손처럼, 잠자리 사나워 꿈 뒤숭숭해 울적한 아침, '개꿈인 걸' 위안하면 하루가 만사형통처럼, 첫 아이 가졌을 때 그리웠던 호박잎 위에 강낭콩 숭숭 박힌 가마솥의 개떡처럼, 비타민 미네랄 섬유질 무기질 사포닌 항산화물질의 보고寶庫로, 귀엽고 예쁘고 자그맣고 매촘하고 씁쓸하고 떫고 톡 쏘고 시고 때로는 독하고 까끌하게, 그대를 맞는 내 몸은 늘 신전이다

저잣거리의 좀 덜된 무명씨 같은 이름을, 어쩌다 호적에 올려놓은 정품精品 아닌 이름을, 데면데면 홀대 받는 이름을, 개명까지 원하지는 않아, 품격 있는 이름을 바라는 건 더더욱 아니라고, 이름 때문에 자존감 떨어지는 시대, 접두사 '개'를 깨끗이 떼어 주리? 가장 너이면서 가장 네가 아닌 것처럼

아기 고양이가 나를 따라와요

그림자도 뜸한 둘레길 어귀에서
한 뼘도 안 되는 깡마른 아기 고양이 한 마리,
날갯죽지를 축 늘어뜨린 채 칭얼대며 따라와요
자꾸만 따라와요 나는 네 엄마가 아냐
더 이상 덧날 상처는 만들고 싶지 않아
내 가슴은 마른 귤껍질 같아
너를 들여놓을 한 치의 공간도 없어
거미줄 앞에 흠칫거리는 풍뎅이를 좀 봐
잎 떨군 나무들도 손사래치고 있잖아
넌, 달빛의 푸른 망토를 날리는
빨간 지붕 위의 낭만 고양이가 아니야
바람이 지나는 허공은 울고
뜰 밖의 작은 채송화도 어느덧 시들었어
곰팡이 핀 그리움 하나 가슴에 안고
네가 걸어가야 할, 때론 숨찬 저 언덕
물 위에 일렁이던 햇빛은 감쪽같이 사라지고
잎새마다 노을이 뚝, 뚝, 지는데

움츠려 말아드린 네 기진한 발자국

나는 네 엄마가 아냐
나는 네 엄마가 아냐

연뿌리, 꽃 피우다

늦은 저녁,
손목이 가는 여자의 팔뚝만한
연뿌리를 다듬는다
썰물 같은 고요를 한 아름 안은
갈색 피부 안에 살구빛 속살,
연하고 부드러운 흙의 촉감이
사각사각 칼끝에서 꽃들로 피어난다
광주리가 환하다

수면 위로 튀어 오르던 햇살의 비늘
연꽃 든 손 너머로 별똥별 지고
긴긴 여름 칠흑같이 젖은 진흙 속에서
시린 무릎 묵언으로 가라앉혀
태초의 순결로 물처럼 투명하게
속 뜰에서 피워 올린 돈오의 꽃,
내 안의 어둠을 걷어내면서
빈 밭의 저녁 식탁을 환하게 꽃 피운다

3월, 두문포

동백꽃 붉게 수놓인 해안선 끝자락,
낮은 파도 소리로 고즈넉이 앉아있는
두문포를 만났네
길가 밭둑엔 연둣빛 돌나물이 자라고
너덜거리는 문, 지붕 낮은 횟집 앞
순한 얼굴 강아지 한 마리 꼬리치며 반겨주네
오종종한 포구, 방파제 저쪽
수평선 너머로 제 그리움 걸쳐놓고
묶인 밧줄 살며시 흔드는 작은 배 두어 척
쫑쫑쫑 맞닿은 입김이 연인처럼 정겹네
햇살 등에 지고 그물코를 꿰는 할아버지,
만선의 부푼 꿈을 꾸고 계실까
설레는 마음 끌고 가는 깊고도 푸른 바다
바람의 이랑마다 파도꽃 피우는
내 맘속의 뜰,
두문포

꽃섬

설레임으로 돌담길 따라 오르니
텃밭 부추 다듬는 등 굽은 할머니
손 마디마디 굴곡 깊어도 웃음은 곱다
그리움을 풀어놓은 유년의 언덕길,
씀바귀 민들레 봄까치꽃 꿀풀꽃
추억의 흐름은 군데군데 끊어져도
알알이 상기한 볼, 보리수 열매는
흘러내리는 햇살에 또글또글 익어만 간다
산허리 숲 그늘 사이사이로
부드러운 바람에도 나풀거리는
마가목 덜꿩나무 가막살나무 순백의 꽃
마음 온통 부풀어 속살 훤히 비칠라,
오월의 신부들 눈이 부시다
가파른 길 오르자 바다는 아득하게 펼쳐지고
꽃가루 솔솔 떨어지는 소리도 들릴 것 같은
가슴 무너져 내리는 천길 절벽 끝
소나무 한 그루,

혼신의 힘을 다해 생을 부여잡은
저 단단한 매무시!

꽃섬, 하화도
끝없는 이야기를 풀어내는 숨결이 푸르다

늦봄의 포근한 바람이고 싶은

어둑새벽 숲길을 걷는다
나목 성긴 가지 사이, 반쪽 달빛으로도 길은 트인다
말간 울음으로 제 몸을 헹구던 새들,
고요의 죽지에 몸을 파묻은 걸까
내 발소리에도 기척이 없다
버리고 떠난 산기슭의 남산제비꽃
저절로 움이 트고 꽃 피는 줄 알았는데,
나의 봄은 너의 겨울을 헤아리지 못했구나
오르막길에서 환한 웃음으로
호흡을 다듬어주던 하늘말나리 창가엔
뽀드득 앙다문 서릿발 입술만 허옇게 시리다
낯을 주고 떠나간 기억의 산벚꽃,
일찍 잎 지고 오래 적막했어도
함께 했던 날들은 눈부신 날이었다고,
늘 그렇듯이 지금은 침묵해야 한다고,
스스로 깊어지고 저무는 숲길,
늦봄의 포근한 바람이고 싶다

마삭넝쿨, 꽃 피우다

책 읽는 마을에서
문지기로 살고 있는 키 큰 소나무를
오월의 신부가 꼭 껴안았다

우듬지에서 발등까지
하얀 면사포 스무 자,
분홍빛 향기 예순 말,
늘그막에 웃음꽃 핀 소나무와
웃을 일 없는 사람들, 발걸음 멈추고
햐! 마주보며 웃는다

소나무 가슴에
마삭넝쿨, 꽃 피우다

마흔으로 가던 길목의 와온

지평에서 사라진
푸른 물이랑

얼마나,
더, 저물어야 했나요

버리고 줍고 다시 버린 날들이
숨죽여 누워있던 와온,

움키고 또 움키었지만
흘러가야 할 물결이었던
그녀, 마흔으로 가던 길목의
와온

붉은 노을 뚝뚝 떨어져
아픔도 광채 나게 환하던
그 곳

참새, 아침 열다

고개 갸웃대며 누굴 기다리는
아, 저 참새
순간, 망막이 찰칵 열렸다 닫히고
하늘 속으로 둥근 문이 열린다
참새 튀어 오른 무게 위로
반쯤 걸린 애벌레
맨발의 지느러미 춤사위가
마른 꽃잎처럼 얇게 떨린다
팽그르르, 빛들은 몸 가벼운 쪽으로 쏠리다
맑아져, 우듬지로 치솟는 나무들 힘찬 두 팔 아래
파르르 떨고 있다
넝쿨장미 젖은 눈에
분홍빛 아침 햇살 비껴가고 있다
다시 닿을 수 없는 시간,
참새소리 높다

비 온 겨울 아침

기지개를 켜다가 떨고 있는 아침을 보았어요
길 건너 공원에 밤새 울어 젖은 숲,
나무의 움츠린 발에 비 내려요
쓰레기장 옆 부러진 목발 의자 아래
갈색 고양이 구부린 어깨 위로 빗물 흘러요
젖은 가랑잎은 가지 끝에서
저도 모르게 손이 풀리고
남은 이파리마저 던진 꽃사과 나무는
열매 대신 주렁주렁 추위를 매달았어요

까닭을 알 수 없지만 그 여자,
옷깃을 여미는 시선 흐려지기가 몇 번
웅크린 집들의 추위처럼 흔들리는 가슴 속엔
겨울비에도 그리움은 늘 피어 있어요
오래된 흑백영화의 자막처럼 흐르는
유리창 너머로 종일 추억을 관람하는
그 여자, 눈동자 흘러내려요

쉼표(,)

잠깐만,

숨을 고르세요
숨 가쁘게 서두르지 마시구요
끝장(.)내는 삶이 아닌,
여유로운 삶을 위해
잠시, 지친 발걸음을 멈추세요

지저귀는 작은 새도 쉼표로 노래해요
날아가는 나비도 쉼표로 앉아요

마냥 살가운 시간의 자투리
고갯마루 너럭바위

두고 온 정원·1

—꽃팝 먹던 아이들

햇살 무리지어 모여드는
허물어진 돌담 골목 어귀에
아주 어릴 적 세상이 물빛으로 반짝입니다
산수유꽃으로 에둘러 모여앉아
두 손으로 귀를 닫고 눈을 감고
공벌레가 되었던 코흘리개의
하얀 웃음이 도르르 꽃팝처럼 쏟아졌습니다
바람 한 줄기 서늘하게 허리를 감아도
어둡고 후미진 골목을 지나도
꾹꾹 눌러 펴 담은 향기를 등에 진
햇살눈썹 깜빡이는 아이들의 마음은
벌써 보름달이었습니다
밤이 되어도 환했습니다
낮은 굴뚝에서 삭정이를 태우는 연기
솜사탕처럼 달콤하게 퍼지는 봄 해거름
제 몸을 던져 뜨겁게 외치며
소리의 몸짓으로 피우던 작은 꿈들,

두근거리는 맥박이 허공에 맺혔습니다
햇빛과 바람과 흰나비의 들숨으로
만지는 것마다 하얀 꽃을 피워내던
아이들의 삐에로,
한 쪽 다리 절던 튀밥 튀던 아저씨는
함지박처럼 벌어진 아이들 입속으로
훨훨 꽃팝 날려 주었습니다
수만 개의 별들, 파랑새로 날아올랐습니다

가만히 나를 이끄는 따뜻한 손 하나
벚꽃 환하던 날이었습니다

두고 온 정원·2

—썰물의 꽃무늬

기억을 끌고 까까머리 머슴애 간다
장대 끝에 매달린 하늘이 푸르던 날,
서슬 퍼런 밤송이 달고 간다
밤송이 촘촘히 박혔던 정수리에
점점이 빨간 피 솟는다

겨울 사랑방엔 머슴들의 담배 연기 자욱하고
이제 막 태어난 어린 송아지 같던,
아홉 살배기 아이 머슴 쇠죽을 쑨다
줄줄이 열린 가난, 한 끼 밥을 채우려면
누런 황소를 업어야 한다
비긋이 열린 문틈 사이로
꼴망태 속 남보라 달개비 꽃이
술래도 없는데 등 뒤에 숨었다
흙바람 내리는 가파른 비탈길에
어미 소 따라가는 그 머슴애 보인다
송아지 젖은 눈망울 흔들린다

두고 온 정원·3

—그 여름 풍경 속으로

그 애가 내게로 걸어왔을 때
여름은 계속되었어
쩍쩍 입 마른 들판의 살갗 속으로
짧은 빗방울 몇 알 후드득 스며든 오후였지
콩새들 까르르 웃는 숲속의 청미래덩굴 동근 잎들은
바람을 입에 물고
속닥속닥 아이들을 불러 모았어
새콤한 열매 한소끔 머금고 푸르게 웃었던
청미래덩굴 열매 눈망울의 아이들
갈색 일기장속에서 또르르 굴러 나와
내 손을 잡았어, 순간
실익은 수액으로 돋아나는 푸른 둥지느러미
청미래덩굴손은 허공을 더듬어 올랐어
두리번두리번 세상을 향해 손 흔들며
풀물 든 가슴 한껏 부풀려
언덕에 올라 나팔을 불었어

푸르른 여름 숲, 가슴 열고 나오면
책갈피에 끼워 둔 한 장의 추억 속
까까머리 소년이 건네주던,
한 줌, 청미래덩굴 열매
푸르디푸른 시 한 편

입양

문 닫는 상점들의 저녁거리에
눈빛 고운 아이들,
이른 봄 꽃분들이 줄지어 앉아 있다
옷깃에 매단 이름이 생의 유일한 목록이다
머리끝에 별 하나씩 꼭 붙든 채
그림자도 껴안아 놓지 못한다
네, 비록, 구름 낮은데 버려질지라도
밤하늘의 눈물은 한 줄기 시가 된다
바람 부는 날의 민들레 꽃씨처럼,
발걸음 닿는 곳 거기가 너의 주소다
빈 둥지처럼 비어있는 네 일기장에
울다리 오르는 나팔꽃을 그려줄까
햇살만큼 밝은 말도 담아줄까

내 손 가만히 이끄는 조막만한 꽃분,
봄 아이 하나 들인다

애기나리꽃

예순 넘어서야
애기나리꽃 이름 알게 되었네

백합 닮은 그 꽃을
애기 손톱만한 그 꽃을
해마다 오월이면 피었을 그 꽃을
내가 애기였을 때도 피었을 그 꽃을
하찮은 풀이라고
뒤뜰의 잡초라고
관심 두지 않았네

바람 한 톨에도 고개 숙이고
이슬 한 방울로도 여유로운 미소
애기로만 살다가 가는 꽃

예순 넘어서야 겨우 알았네

| 제3부 |

무말랭이의 꿈

기억의 무늬

눈 감아도 훤히 보이지
"엄마, 간장게장"
구만리 하늘 당겨 가슴에 안긴다
나비 날개의 푸른 문양처럼
둥근 나이테 속 깊숙이 스며있던
노랑부리의 다디단 꽃무늬, 화안하다
투명한 씨방 속, 그 뿌리 깊고도 깊다

"뭐가 젤 먹고 싶은데?"
"엄마, 간장게장"
내 이름마저 잊고 사는 어느 날에도
소름 돋듯 돋아난,

무말랭이의 꿈

무지개 뜨는 아침은 바라지 않아요
맑은 햇살 서늘한 바람이면 돼요
비록 지금 날잠자는 번데기 같아도,
나비처럼 가뿐한 영혼을 꿈꿔요
햇살의 담금질에도 그저 묵묵히,
잠시 흔들다 가는 바람에도 고갤 숙여요
비오는 저녁쯤은 하루의 위안,
덜컹이는 창가에 기대어
줄이고 졸인 아린 결들로 밤을 새워요
무명실 같은 한 점의 순수,
비움으로써 가득해지는 그날을 기다려요

분노하다

초록빛 말을 버리는 순간,

울음을 터뜨리는 2.5리터 압력밥솥, 씨-씨- 노려보며 씩씩거린다 점점 격해지다가 갑자기 온몸을 들썩거린다. 성난 콧김 주체할 수 없어 꿈틀대더니 벼린 뿔 곧추세우고 치받기도 한다. 난데없는 증기기관차 고함소리로 주방이 흔들리고 닭의 가슴에 꼬옥 안겼던, 마늘 대추며 인삼도 순식간에 퉁겨버린다. 안전핀이 뽑힌 절망, 휘청거리며 빈 몸으로 떨고 있다.

생의 굳은 살 훑어내려는 발효되지 않은 몸짓,
솜털까지 곤두세운 불화로, 저 붉은 입술이리니!
바람이 부리고 간
작은 떨림 하나도 조율하지 못하는 격정의 끝,
그 언저리 시리다.

아가미 붉은, 숲에 갇힌 물고기다.

봄, 날아오르다

햇살이 노릇노릇 졸고 있는
산기슭 조요로운 뜨락이었어
아기바람이 젖은 풀잎으로
목덜미에 감겨오는데,
지난 가을 불꽃의 흔적들이
무덤처럼 쌓인 가랑잎 이불 아래서
쿡, 쿡 누군가 웃기 시작했어
바스락바스락, 속닥속닥 말했어
누굴까? 이 시간에?
두더쥐처럼? 무릎걸음은 왜?
콩당거리는 발걸음 조여드는데
가만, 봉긋봉긋 열리는 가랑잎 가슴 위로
조막만한 새들이 움터 날아올랐어
햇빛을 쪼아 먹은 애드벌룬 꽃잎 날개
용수철 발 굴려 단숨에 솟구쳤어
놀란 눈 비비고 바라보니
산모롱이, 겨울이 이미 돌아가고 있었어

산동백 푸른 잎이 반짝 웃음 날렸어
문득, 서늘한 긴장 한 줌
그제야 내게서 날아올랐어

십이월

그대는 고양이 발자국 소리로 오지
해가 서둘러 산을 내려가면
언제나 홀연히 나타났지
마른 가지에 헐렁하게 얽어놓은
잿빛 늙은 거미의 블랙홀,
발이 폭폭 빠지는 어둠 속으로
모든 길들을 순식간에 지우며 오지
닫혀있던 시간의 창문을 열면
하늘에는 한 해의 마른풀들이 떠가고
아직 오지 않는 누군가를 기다리는
그대의 쓸쓸한 눈빛이 보여

그대는 들춰보고픈 비로드 검은 보자기,
적막 한 겹으로도 달빛은 화사해
깜깜해서 더욱 환해진 등불 아래선
지난봄의 꽃잎 냄새를 기억하는
따순 얘기가 둥글게 둘러앉아 있고

한 세상 건너온 고해의 종소리로
마음 저린 들꽃 하나 하얗게 피우지
고요 한 줌 떨구고
휘모리장단으로, 그대는 떠나지

그리움, 그 수묵의 푸른 시간

신발장을 정리하다
그는 떠나고
그가 남기고 간 또 하나의 분신,
어룽진 갈색 구두를 마주한다
구두가 멈춘 그 자리에서
그의 생도 문득 걸음을 멈추었으나
구두 한 켤레, 그 속에는
그가 연주하던 생의 격랑 같은 게
그를 품고 있던 적막 같은 게
아직도 한 움큼 남겨져 있다
발이 끌고 다니다가 벗어놓은 껍데기는
아직 그 발의 굴곡을 뚜렷이 기억하며
빈 우물처럼 평온하게
두고 간 몇 개의 발자국도 웅크리고 있는 것이다
발자국 남기며 나를 지나간 사람,
편안한 침묵 위로
가만히 내려앉는 가을 햇살, 아래서

그의 젖은 지난 생을 말린다
마른 얼룩을 쓰다듬으며, 그의 구두를
나, 오래오래 바라보고 있다
수묵의 푸른 시간 속,
수레국화 한 송이 피어나기 시작했다

어머니의 무명 한 필

어머니 남겨 주신 장롱 속 무명 한 필
침묵의 불혹, 그 빈 마음에도 별빛은 쌓여
작은 소망으로 열리던 날,
목련꽃잎으로 몸 새김한 단아한 모습에서
연둣빛 목화 다래 싱그런 유년의 풀내음이 배어나고
명밭* 열무김치가 아삭거리던 여름밤의 은하수도 흐른다
그대가 어머니의 사랑으로 태어나던 그 겨울
할머니 물레 위엔 은실 같은 눈 내리고
대나무 숲에선 부엉이가 울었지
미풍마저 잠들었던 어머니의 베틀 방엔 발길도 삼가고
북 옮기는 고운 손길 고요의 한나절을 바치기도 했었지
작은언니 시집가던 복사꽃 곱던 어느 날,
가실 길 예감한 듯 그대를 내게 짝 지어 놓았지
무한한 사랑 포근한 이름으로 다가온 그대는
언 가슴 녹여주는 따스한 빛,
햇살처럼 웃으시는 어머니였어
어깨 위의 어둠 한 짐 가만가만 내려놓고

곤한 나비잠을 청하고픈 어머니 포근한 품이었어
밤마다 목화꽃송이로 피어나는
오늘 그대를 만난다

* 명밭 : 어릴 적 목화밭을 명밭이라고 불렀는데, 명밭 이랑 사이에 심었던 열무 맛이 최고였습니다. 지금도 시장에서 명밭 열무는 알아주지요.

꽃 지는 날의 소묘素描

처음 너는 작고 단아한 몸짓이었어
너의 환한 미소는
안으로만 그리워하다 밀어올린
선연한 열망이었어
우리 앞에 서 있는 새벽빛이었어
부드러운 바람, 별들의 속삭임으로
허공을 날아오르던 색색의 나비 떼들이었어

우리 꿈꾸던 사랑은
햇솜 같은 마음이었어

날은 빠르게 어두워져
이루지 못할 언약 더욱 더 멀기만 하고
바람 한 점의 무게도 못 되는
순하디 순한 너의 영혼은 가냘프기만 했어
무심히 무대 뒤로 사라지는 희미한 실루엣
풍경처럼 따라오는 어스름만

새들이 날아간 석양 쪽을 바라보았어
뜰 밖 언덕에 남은 한 그루 오동꽃
그녀, 가뭇없이 멀어져 갔어

맨드라미 일기

고 작은 무게로 숨죽여
온 우주를 끌어안고 있었네
이슥고 외로운 호흡이 바알갛게 솟구쳤네
응어리져 뭉클뭉클 내뱉은 네 붉은 속울음이
이토록 간절하게 번졌네
전하지 못한 그리움 있어 먼 길 가다 돌아와
들려주고 싶은 고백 꼭꼭 숨겨 놓고
어둠 내린 밤까지 타오르며 타오르며
발갛게 달아오른 수만 언어의 사리
꽃잎 깊숙이 감춘
너, 너의 샤머니즘이 뜨겁구나

그녀만의 소멸법

밴댕이 소갈머리에 풍선처럼 부푸는 허무,
가슴 속엔 그림자만 무럭무럭 자라나
단잠은 먼 길을 헤매고
기억은 꿈속에 본 시구마냥 아스라하다
두 눈 속엔 비문의 꽃잎들 철없이 속절없이 피어오르는데
젖은 나비 날개처럼, 마음이 없는 몸은 무겁기만 하다
늦가을 된서리에 꽃필 가망 전혀 없는 쑥부쟁이 봉오리,
가시 철옹성에 갇히고도 떫은 속껍질에 또 갇힌
쭉정이 밤 한 톨, 다 털고 난 마른 들깻단처럼
그녀 속엔 그녀가 없지 천천히 깨어 가는 차 한 잔 마시는
찬비 내리는 밤, 식어가는 찻잔처럼
생각에 생각, 생각 중인 그녀

제라늄에 살랑거리다

그녀는 한없이 열리는 문이다
날이 날마다 아이 많이 만드는 이웃집 여자처럼
치마폭을 들춘다
철없이, 출렁, 허리가 휘도록
그녀는 고즈넉이 아이들을 낳는다
보푸라기 이는 숨을 쉬며
온종일 자릉자릉 종을 울린다
무심무심 불어오는 바람에도
그녀 붉은빛 색깔 붉은빛 향기의
끊임없는 파장들, 우주가 뜨겁다
언젠가 나도 꽃을 피우던 시절 있었다
내 품에 머리를 기대오는 제라늄꽃 같이
볼이 곱고 환한 아이나 몇 더 낳아 둘 걸,
그녀 밝은 빛의 현들 햇빛 속에서 살랑거린다
그 살랑거림 속에서 나도 살랑거린다

응시

길을 오르는데 누군가 내내 나를 따라왔다 넘어질라 길 잃을라 서너 살 적 내 아이 걸음으로 왔다 코끝을 간질이던 아까시나무 꽃은 흔적도 없고, 때깔 고운 보랏빛 꿀풀의 자태는 아니다 쪽동백 때죽나무 꽃은 더더욱 아니야, 아니야 고개를 갸웃거리는 산책길, 찔레꽃 향기를 약간은 닮은 듯한, 그녀를 찾느라 오늘 아침도 많이 더디다 오래 두리번거리던 까치 한 마리 떡갈나무 사이로 훌쩍 날아오른다 누구일까? 바위 틈 사이로, 가시덤불 사이로, 숨죽인 사흘만이다 바람을 향해 몸을 돌리는 순간, 노랑나비 흰나비 떼 지어 앉아있는 듯 덤불속 꽃무리, 하늘 한쪽에선 햇살 내려오고 숲은 기쁨으로 푸르게 일렁인다 그 눈빛 넋 놓고 바라보는데 언뜻 지난밤의 꿈 생각이 스친다 안아보고 싶어서, 기대보고 싶어서, 둘레둘레 둘레길 함께 걸어보고 싶어서, 그리운 것들이 산처럼 많아도 그저 바라보기만 했던, 한동안은 환할 꽃 편지로 화면을 물들이는 딸아, 인동초 꽃이란다

고요 뒤편

이제 그 집에 갈 수 없음으로 그 집을 생각한다 꽃피던 나무들 밑뿌리 뻗어가는 소리까지 들리던 그 집의 고요를 생각한다 그리움은 아니고 향수 같은 것은 더더욱 아니고 그보다는 깊은, 그보다는 더 해맑은 것이 때때로 나를 이끈다 어느덧 그 집의 수레바퀴들이 나를 실어 달빛을 앞질러 나아간다

정갈하게 풀을 먹인 어머니의 광목 치마 스치는 소리와 잠결에 들리던 한밤의 다듬이질 소리 부엉이 울음소리를 몰고 오는 겨울밤 도란도란 할머니의 옛이야기 아침을 깨우는 할아버지의 헛기침 소리와 종소리처럼 들리던 긴 담뱃대 터는 소리 아련하게 들리는 첫새벽 기차의 기적소리 어미 소의 고개 돌리고 여물 되새기는 소리와 나를 물끄러미 바라보는 어린 송아지의 숨소리 아랫목에서 향기로운 술이 뽀글뽀글 익어가는 소리 막 이삭 패는 보리밭을 쓰다듬는 따뜻한 바람 소리 마른 꽃대들의 싸르락거리는 소리 대나무 숲에 살고 있는 새들의 속살거림과 아주 늦게 톡 떨어지는 밤 한 톨에

무슨 축복처럼 눈앞이 환해지는 소리

소리꽃이 피는 그 집, 그 집엔 고요가 만 평, 고요 뒤편에
살고 있는 웅근 소리도 만 근

체육시간의 단상

민들레 홀씨 날리는 시은이 머리, 사뿐사뿐 나비 날개 나슬이 치마, 제 키보다 높이 뛰는 수인이 다리, 만세 부르다 들킨 효원이 배꼽, 서연이의 뒤꿈치는 엉덩이를 밀어요, 수윤이 벙글입은 두 귀에 걸렸어요, 엉거주춤 진미는 한 번도 못 넘어요, 기도하는 두 손 지원이는 떨려요, 앙다문 입술 또랑또랑 지민이 두 눈, 눈물 글썽 무서워요 순둥이 현지, 다리 짧은 다정이는 자꾸 걸려요, 시현이 갈래 머리 하늘에서 당겨요, 넘어져도 함박웃음 유정아 괜찮니, 놀부 심보 종빈아 축구나 하렴

긴 줄넘기 하는 날
서로 다른 얼굴들이 꽃피어 오른다
둥글게 길쭉하게 넓적하게 뾰족하게
잎새처럼 싱그럽게 웃고 울고 뛰면서
서로의 다름을 보듬어 깊어지는 아이들
꽃보다 아름다운 시, 다디단 바람의 숲,
막이 열린 작은 우주다

꽃씨 우체국·1

또 누가 태어났을까 새벽이 오면 가슴은 새로운 예감으로 두근거린다 물 한 방울 없어도 젖니 같은 아이들을 보듬는 다육이 작은 잎 하나, 어머니란 저렇게 맨몸으로도 필사적인 것이다 연어의 꿈이다 삼백육십 일을 아이 낳을 궁리에만 몰두하는 제라늄이며 베고니아, 참 억척스런 여인들이다 뿌리들이 불끈불끈 힘을 줄 때마다, 바람의 여린 손끝에도 밤은 붉어 밤새도록 수태受胎를 한다 생이 끓는다 제 날을 가득 채우는 열정적인 모습에 반한 나는, 요즘 그녀들의 연인이다 하루 종일 눈을 맞춘다 내 눈 속의 꽃이, 꽃 속의 내가 한 몸 되어 피어난다

날마다 아이들이 태어나는 그 집,
사랑을 배달하는 꽃씨 우체국이다

꽃씨 우체국·2

저녁 안개를 마시며 지금은 기다려야 해요 이마에 해와 달이 비치는 그날까지 무심히, 허공 한 줌 껴안을 수조차 없는 가슴이지만 바람이 어둠 속을 달리면 나는 삶을 파랗게 느낄 수 있어요 가는 곳이 벼랑이거나 가시덩굴 아래거나 돌 틈이거나 두렵지는 않아요 내겐 오직 한 순간이 주어질 뿐, 우연에 몸을 맡기는 건 아니니까요 길모퉁이 버려진 화분도 낯선 거리도 가슴으로 안아요 이슬방울 하나로도 부풀어 오르는 우리의 사랑, 그대 돌담 아래 떨어진 초록 엽서 한 장으로 흐르고 싶어요 봄비가 내리기 시작해요 들어봐요 상처 났던 자리에도 내일이면 은종소리 들릴 거예요 햇빛이 반짝거릴 시간은 아직은 더 남아 있어요 이제 꽃 밝은 아침을 한 아름씩 엮어 그대에게 부칠 게요 '어서 오세요 행복을 드릴 게요', 라고 울타리에 분홍빛 현수막 하나쯤은 걸어둬야겠지요

자박자박 어린 것의 맨발이 걸어 나와요 순간 애틋해져요

숨소리가 들려요

그 맑은 눈빛 앞에선 아무 것도 고집할 수 없어요

천주교 묘지에서

멀고도 신비한 시간을
환한 꽃의 길로 내게 오는 그대,
돌아서 가느라 나 좀 늦을 뿐
그대 거기서 나는 여기서
강 건너 먼 저기 저쪽에 우리는 함께 있다

애기 손톱만한 노란 꽃 보며 엎드려 절하다
작은 발자국, 풋풋한 흙내
욕심 없이 살다 떠난 그대 모습 문득 떠오른다

가슴에 피고 지는 그리운 꽃잎을,
누굴까, 뜰에 이처럼 눈 시리도록 올려놓은 이
그대 마음 비치어 미소가 맑다

먼 훗날 나도 이곳으로 와
누군가 잠시 눈길 머무는 풀꽃이나 되었으면,

묘지 뜰을 건너는 노란 꽃,
내 안의 그대 모습 환하다

오일장 다녀온 날

황사 자욱한 봄날
'떨이'라는 말에 선뜻 받아온,
헐값에 낯게 조아린 나물 한 봉지,
느지막한 오일장 모퉁이에서
미끼도 없는 월척에
순간 두 눈과 귀 빛났던 것이다
봄 물결 온몸 저릿저릿 출렁댔던 것이다
기도 없이 구한 고요한 사냥감에
꿈틀거리는 욕망의 뒤안길 있었던 것이다
세월의 하구河口에
이제 틔워낼 꽃잎은 이것뿐이라며
쪼그려 앉은 무릎이 턱밑에 닿은 할머니
바짝 마른 나물 검버섯 얼굴이,
손에 쥔 천 원짜리 지폐 두 장이,
잎사귀 뒤에 숨어서 오후 내내 쓰거울 줄이야
꽃 진 자리처럼 붉게 욱신거릴 줄이야
하루해 시름시름 꺼져 내리고,

어머니,
저 오늘 한 소쿠리 빛을 또 사왔습니다
저토록 아리고, 저토록 쓰린,

쑥국 끓이는 저녁

내 몸속에 들어앉아 속속들이 나를 바라볼
봄 뜰을 기억하네

이른 봄, 아직은 겨울 같은 봄
애엽艾葉 솜털 말간 안부로
들녘은 날마다 페이지를 넘겼네
흙 묻은 손으로 쑤욱 오시는 손님,
쑥버무리 쑥절편으로 거듭나던 손길을 생각하네
그 손이 짚어준 저녁의 이마에
사랑과 슬픔의 신열이 있었다는 걸,
종지 속 쑥물은 겁먹은 눈 첫 입맛의 신비였네

달그락거리며 끓는 내 연인,
가슴 따뜻한 해를 품는 저녁이네
저벅저벅 걸어오는 푸른 관능의 힘,
살얼음 몸 살살 어루만지며 몸을 섞는 밤이네

오르가즘에 대한 고찰

세상 모든 햇빛을 끌어다 모으면 이렇게 밝아질 수 있나요 세상 모든 햇볕을 안아서 모으면 이렇게 따뜻해질 수 있나요 저녁노을 한데 모으면 이렇게 붉어질 수 있을까요 온갖 날짐승들의 저 신바람이여, 그리움의 샘이여, 배부른 바람결들은 비단처럼 늘어져 잠들고 돌멩이도 꽃처럼 피어나요 잔물결 가득 일으키는 나비들과 수 천 마리 벌들이 날개 터는 소리, 그 황홀한 소음에 빛은 다른 빛과 몸을 섞어요 그림자는 다른 그림자에 스며들어요 쏟아지는 빛이 나뭇가지 허리를 감고 어룽거려요 누군가, 그 나무 아래 서있는 나에게 춤추라고 외쳐요 허공의 유혹 같은 붉은 파장들, 달콤한 향기에 몸은 달뜨고 마음은 시간을 벗어나기 시작해요 나비처럼 가벼워지며 한순간 날아오르는

사람도 날짐승도 다 깃들어 사는 그 뜰의 감나무, 불꽃처럼 환했어요 지난 가을 어느 날, 내 마음도 환하게, 환하게 열렸어요

| 제4부 |

바람의 유언

소녀

그녀는, 황홀한 향기보다는
나비의 날개를 꿈꾸는 사랑을 해요
사뿐거리며 나풀거리며
고요히 호흡을 가다듬는 바람의 손길에도
솜털 보송보송한 가슴 콩당거려요
겉으론 새침하지만 맑은 영혼을 가진,
달빛과 별빛을 좋아하면서도
햇살의 반짝임 아래서 더욱 눈부셔요
찔레꽃 같은 순수로, 때론 발랄함으로
골짜기든 벼랑이든 두려움 없이
제 삶의 중심으로 만들 수 있어요
사랑 흔들리면 '안녕'이라고
꽃잎 날개 펼치며 망설임 없이 날아가요
맛장을 뜨려고 성을 쌓다가도
시린 별무더기로 한순간에 쏟아져 내려요
그녀, 겨울 눈꽃이에요

눈빛 너머

앓다 나온 내게 그녀 눈빛은 하얗게 머물렀어
그 사이 초승달은 그믐달로 더듬거리며 내게 왔어
동지 무렵이었을까 언 맨발이 안쓰러워
거실로 보금자리를 옮겨준 풍란, 그녀가
몇 장의 잎새 뒤에
숨은 듯 연녹색 꽃대를 가만히 밀어올리고 있었어
때 아닌 한겨울의 이 아침은 지난 어느 사랑처럼
그리움도 향수도 아닌 해맑은 눈빛이었지
오뉴월에 온 집안을 향기로 들썩이던 그녀가
이 엄동설한에 통증의 꽃 피우는 사연을,
살아온 날들이 아무런 기억에도 없는지
잘못 꾼 꿈이라도 있는지 생각도 해봤어
내 안의 칼날에 마음 자꾸 베이며
북풍을 따라서 흘러가던 날들도 되짚어 봤어
겨울 햇살은 창가에서 지긋이 그녀를 바라보고
나도 그녀를 따뜻하게 바라봤지
속정 깊은 친구 같았어

떡잎의 발설

분갈이한 군자란 곁에 쑤욱 드러낸 얼굴, 콩 떡잎이다 기도하듯 두 손을 모은 태아, 흙과 함께 썩힌 음식물 쓰레기도 아랑곳없이 요놈 봐라, 어제만 해도 허공 짚기로 옹알거리더니 우주의 성찬에 배가 부른 걸까 엄마 젖내 물씬 까치발 들고 서있다 '날 거야, 나도 날아오를 거야', 한 줌의 푸른 눈빛, 두 팔을 벌린 불굴의 애교다

남자들은 좋겠다 왜? 아이를 낳지 않아도 되잖아? 그러는 여자들은 군대 안가도 되잖아? 여자로 태어나서 참 좋아, 난 남자로 태어난 게 천만다행이야, 주고받는 장단이 제법 쏠쏠하다 지금쯤 훌쩍 청년으로 자랐을, 초등 3학년 교실 쉬는 시간이다 뒷다리가 쏘옥, 앞다리도 쏘옥 개구리로 변신하넌 올챙이 song 뚝, 고만고만한 아이들 상기된 얼굴, 올챙이들의 진지한 미래의 관심사로 교실 안이 후끈 달아오른다 무논의 개구리들 깔깔댄다

때 묻지 않은, 호기심 가득한 떡잎의 말들이다

내가 꿈꾸는 시 한 구절의 숨결이다

바람의 유언

노숙으로
참 먼 길을 온 거다

온몸이 뿌리로만 이루어진,
집 한 채 가슴에 앉히는 일이
내 평생의 소원인 줄 누가 알겠니?

어느 날은
종일 나무 밑에 서 보았다
다음 생은 나무로 살 수 있을까 싶어서,
뿌리 깊은 나무가 되고 싶어서,

그러나
생은 하나의 물음표란다

파랑새를 꿈꾸는 순간
사막을 헤매는 짐승이 되기도 하는 것을

봄, 에피소드

빛의 분주를 바라보던 그녀가 밀쳐두었던 화구畵具들을 무심히 꺼내요 먼지 낀 캔버스며 뒤틀린 붓이며 닫힌 심장처럼 온기가 사라진 물감들이 흩어져 있을 뿐, 지금은 명부冥府의 시간, 긴 침묵이, 말이 채 되지 못한 말들의 눈시울이 그녀를 향해 쭈뼛쭈뼛 다가와요 그들은 저녁이 되고 슬픔이 된 이야기들로 온몸이 꽁꽁 얼어있어요

모처럼 그녀, 닫힌 가슴 속에서 굳어진 눈물 한 올 한 올 끄집어내요 이마에서 봄빛이 꼼틀대며 깨어나요 마시멜로처럼 달콤하게 부드럽게 빈 가슴에 스며요 그녀의 손길이 스칠 때마다 캔버스 위에 봄빛이 달그락거려요 헛뿌리처럼 겨우내 웅웅거리던 그녀의 목소리 높아지고 엉켜있던 실타래가 술술 풀려요

이제 어디로든 흐를 수 있어요

빈집의 습관

빛이, 바람이, 시간이,
아무 소리도 없이 말도 없이
차돌처럼 희고 단단한 절대의 고요를 키우고 있다
햇살 아래 서 있어도, 어둡다 온통 어둡다
조심스레 고개를 내밀던
수은주 속의 빨간 실지렁이는 몸을 한껏 오그린다
두 귀를 세워도 웃음소리 하나
발자국 소리 하나 잡을 수 없는 썰물의 뜰,
딱 멈춰 십 년은 갈 듯한
음지만이 선명해지는 겨울 저녁이다
곱디고운 적막이, 밤새 덤불 속에 나지막한 꽃들이,
저도 모르게 피어났을 뿐,
다시 더러워질 수도 깨끗해질 수도 없는
무릎 꿇고 있는 것들이
알람시계 초침 속으로 함몰 되어간다
다만 흘러가는 구름 보이고

삭히다

겨울이면 엿기름을 만드셨던 어머니,
물에 불린 겉보리는
온돌방 아랫목이면 살얼음 반짝이던 겨울밤에도
하얀 수염뿌리 나오고 연두색 움 터뜨려
채반 위, 마당의 멍석 위에서
얼었다 녹았다 거듭나며 다달하게 몸단장을 하였다
산 그림자처럼 내리던 슬픔들도 함께 삭히며
엿기름 몇 소쿠리로 건너가던 어머니의 겨울 뜰은
설을 앞두고 식혜며 조청이며 깨강정으로 꽃피웠다
부엌에서 마루에서 방에서 곰삭아가던
오지항아리 속의 고소한 먹거리처럼,
우리도 노릇노릇 고요히 익어갔다
어머니의 품안에서 발효되고 있었다

이 모퉁이 저녁, 마음에 가장 오래 머문 일
시들어 떨어지는 꽃잎들 눈여겨 바라봐야 했던 일까지도
어머니 가슴으로 말갛게 삭히고 싶은 것이다
고요의 화법으로 부활을 꿈꾸는 것이다

소리를 전시하다

몇 개의 의자가 놓여있는,
바람 일기 시작하는 숲이었어
가끔 다소곳이 앉아
숨겨놓았던 마음의 소리 꺼내 펼치는 곳,
살랑대며 대롱거리며 출렁이는
허공의 말씀 가락들,
솨솨솨 푸른 핏줄 같은 소리
서툴지만 뜨거웠던 소리
무언가 타이르는 소리
용서 받을 수 있다고 믿었던 소리
빛을 머금은 소리 들리는 숲이었어
푸르고 생생한 너와 나의 통풍通風,
가두리하고 싶은 소리의 정원,
나 오늘도 그 숲에 앉아 마음을 연주했어
지친 어깨를 털며 바람소리 펼치고 왔어
그 편백나무 숲,
한 음계音階씩 어둠이 사라져 갔어

은유의 누드 혹은 무등산

너부러진, 그녀의 풍성한 젖가슴과 아랫배는
생명의 곳간, 온갖 것들을 품어주는 산이다
마른 들녘을 적셔나가는 노을빛 강이다
방바닥도, 긴장을 놓아버린 벗은 몸에 볼 부비며
편안하게 눕는다
낮고 부드러운 골짜기와
무명필로 흐르는 능선의 여수旅愁와
구긴 습자지처럼 조붓한 어깨선들,
꺾이고 접힌 어머니의 세월이 있다
둥글게 말아 앉은 이슬과 해와, 또 그 발자국마저
모든 무게를 버린 듯 회고도 미래도 버린 듯
無等에세로 돌아가는 無等이다
담백하고 욕망 없는 새벽길이다

그*의 누드, 어머니는 무등산이다

* 그는, 피카소의 선과 획을 긋는 터치와 루벤스의 풍만한 뎃생 기법으로,
한국이 낳은 수채화의 대가, 배동신 화백을 일컫는다.

자화상

쉿, 나는 고추가 없었으니까,

비껴간 풍경을 지우고 처음부터 다시 태어나야 했었네 너라도 씨감자 하나 달고 나오지…… 수런거리는 침묵의 눈동자들, 감당하지 못할 죄를 지었네 종갓집 내리 다섯째 딸로 태어난 죄, 선영을先塋을 모실 수 없는 죄, 어머니를 죄인으로 만든 죄, 그리고 일찍 저 세상으로 보내고도 고개 든 죄, 한때 나는 그늘 속으로 숨어들던 은유의 달팽이었네 수족마다 천 개의 족쇄를 매단 채 내 안에 갇혔네 청보리 눈부신 오월이었네 나를 관통하는 초록, 명지바람 불어도 머뭇거리고 가랑비에도 새가슴이 패였네 무엇인가 놓고 온 것이 있는 것 같아 자꾸 손바닥을 들여다보았네 어둠 알갱일 만지다 누에고치처럼 한 가닥 실을 감고 잠들기도 했었네 맨드라미 씨앗보다 더 작게 움츠린 날 있었지만, 꽃 속에 세상을 넣으면 채송화거나 봉숭아꽃 내려오는 길 따로 있어 근심은 금세 향긋해지기도 했었네 긴 시간을 견디어 여기까지 흘러와 이렇게 멈칫, 그 천 개의 족쇄를

안아 어루만지네

삿된 기억들의 가장자리는 나의 꽃자리고 평전이네

천 년의 미소

그대가 오기 전에는
별들은 살얼음처럼 아프게 빛나고
비음의 바람소리만 들렸지
그대가 오고 나서야 비로소
구름 뒤 달빛으로도 뜰은 늘 환했지
포근한 모포 같은 그대의 실루엣,
해는 돋은 떡잎 위에서 너울거리고
꽃샘바람이 화해를 하자며 다가왔지
잡은 그대 두 손은 따뜻하고 평화로워
가야 할 어두운 길도 두렵지 않았지
비오거나 바람 불거나 눈발이 날리거나
꽃이 꽃에 닿는 느낌으로 다가오는
돌을 만나면 돌에도 스며드는
한결같이 한결같은
천 년의 미소,
거기 어머니와 작은 꽃밭이 있었지

프리허그의 뜰

그 집은 고요가 지천, 고요 뒤편엔 솔바람이 지천이었지 언덕이며 골목이며 마당귀에 쏟아지는 들꽃들, 다람쥐 지나가면 오솔길이 뚫렸어 흐르는 물은, 찰방찰방 웅덩이도 키우고 토닥토닥 버들치 등을 쓰다듬고 내려갔어 여름 그믐밤엔 반딧불이 무리지어 춤을 춘다는, 호랑이 담배 피우던 시절의 이야기로 오래된 벗들을 불러 모았어 성자처럼 서 있는 키 큰 나무들이, 걸핏하면 세상의 상처 운운하는, 뒤틀린 분재 같은 우리를 기다리고 있었어 우듬지의 둥근 손인사가 멋진 심지 큰 어른 나무, 듬직한 세월의 손길도 만났어 어린 나무들을 가슴에 품어주는 굳고 정한 바위의 정담情談이 흐뭇했지 바람과 햇살과 나무와 꽃들이 서로의 어깨를 껴안아 둥글게 세상을 키워가고 있었지 햇살 많은 그림 숲을 거닐었지

아침 고요 수목원* 그 뜰에 나, 물들었지

* 아침 고요 수목원 : 경기도 가평군 행현리에 위치, 10만평의 넓이에 총 4500여종의 식물을 보유하고 있는 산지 형 수목원.

햇볕 공작소

하늘 위 푸른 별에서 사랑을 길어다,
사랑의 눈빛 그 속 눈빛을 길어다
세상의 목마른 밭이랑에 뿌려주는 일이다
억겁의 세월 흘러도 지워지지 않을,
쓰고 쓰고도 남고 남아넘치는 어머니의 품

끝없이 꽃이 와 앉고
끝없이 잎이 솟고

햇살의 체형

그녀는 종일 집 밖에 나와 있다. 얼마 전만해도 수줍은 웃음으로 거실 깊숙이 들어와 한가로운 한나절을 보냈었는데, 봄비 자욱이 내리는 사월 지나면서 눈곱 안 뗀 어린 것들을 남겨 둔 채 베란다에 반쯤 그늘을 드리우고 슬며시 자리를 비운다. 심상치 않다. 흩어진 꽃잎들 어디 먼데 닿았을 무렵, 그녀의 바깥 산책이 길어진 이유를 한참 뒤에야 알았다. 오랜 허기를 채우려고 이른 새벽부터 숲길을 기웃거리는가 하면, 어느새 돌 틈의 작고 노란 꽃을 향해 부지런히 다가가는 그녀를 본다. 꽃 진 자리도 다독거리며 어린 열매를 안고는 반나절을 보내기도 한다. 바삐 걸음을 옮기는 행인들 사이로, 흰나비를 데리고 노는 쑥갓꽃 위로, 사슴 눈망울 같은 감나무 잎사귀로도 시선을 옮긴다. 배부르면 하늘거리는 가지를 타고 내려와 몸 누일 그늘을 찾기도 한다. 찰랑찰랑 초록이 차오르는 입하 지나자 열매 속살처럼 잘 익은 만삭의 그녀, 터진 포자들로 날아오른다.

겨울초록

하늘은 두근두근 눈도 내릴 듯 말 듯
동지 지난 어느 날이다
봄은 아직 멀어 나뭇가지들 적막한데
가랑잎 이불 속에서 언 발을 녹이며
오령五齡의 잠에서 막 깨어난 나비처럼
동그마한 산모롱이에 보라
제비꽃 떴다
굳은 땅 뚫는 부드러운 카리스마,
겨울 숲 같은 삶의 벌판에서도
제 빛깔 잃지 않는, 바다 건너 그 아이 생각한다
가늠할 수 없는 막막한 허공에
스스로 뻗을 곳을 찾아가는 여린 가지의 꿈은
한겨울에도 늘 푸르고 밝다
유연한 듯 다부진 그 아이 닮은
겨울제비꽃, 온몸으로 초록 숨결이다
천 년 혹한도 아무 것도 아니야, 아니야
다 날려버린다

자존심의 문양

한 잎 자존심 주우려고
허리를 구부리다 문득 알았지
팽팽한 전율이 느껴지는
그 한 잎이 얼마나 지독한 무게인가를,
차돌처럼 차고 단단한 어떤 고요,
운주사 와불님이 되어
수 천 년이 지나도 일어나질 않은 저 고집도
내 속의 내가 단단히 나를 당겨 잡고 있는,
기억하는 것 중에서
가장 빛나도록 무거운 그대

러너스 하이runner's high

가을 햇살 담금질에
무너지기 시작하는 아, 거기
물 한 됫박 홍건하지
대낮같이 해맑은 유리 궁 안에서도
노을빛 정염은 푸른 날것들을 유혹하지
제 몸을 다 바쳐 피운 꽃,
그녀의 양수가 커다란 소沼를 이룰 때
가슴을 빠져나가지 못한 호흡의 비명은
뭉게뭉게 비눗방울로 피어오르지
젖은 무릎이 지평 아래로 잠기기도 하지
나날이 사위어 가는 그녀,
지나 온 길은 곡진도 하지
라벨을 달고 포장을 마친,
새콤달달 상큼한 감식초로 탈바꿈하는 일이
그녀의 달리는 유일한 꿈이지
뇌혈관 실핏줄까지 아릿하게, 또 말갛게 틔어 오는
그녀의 화엄세계,

부활이 있다면 아마 저 빛깔 저 맛이겠지

오명 가명 항아리 속에 던져 둔
잘 익은 감 지금, 숨 가쁘게 맑다

책 읽기

모든 상징을 잠그고
눈발로 흩날리던 벚꽃 같은 생각도 닫고
사람과 사람, 나무와 나무, 꽃과 꽃,
나무와 꽃의 행간을 읽습니다
발자국 소릴 죽이고
나는 자유로운 풀밭 위의 나그네가 됩니다
벌써 재가 된 편안한 불처럼
눈 덮인 골목길 모퉁이에선
오래된 동요가 자랍니다
오솔길을 지나 다리를 건너서
별도 달도 없는 숲을 지나서 꽃핀 금붕어,
집들이 햇살 쪽으로 이마를 기울이는
그 시간까지, 내 마음을 넘기겠어요
저 화안한 꽃잎을 껴안는 바람처럼,
고요히, 고요히 춤추겠어요

|해설|

꽃의 의미체험과 자아성찰의 은유
—박효숙의 시

신병은 | 시인

'너한테만 알려주는 이야기인데 말이야.' 그동안 우리가 살아오면서 참 많이도 들어온 이 한마디가 인류역사를 지배한 마법의 한마디일 것이다. 강렬한 호기심을 불러일으키는 이 밀서림 '수상한 이야기'에 시를 쓰는 원리가 있을 것 같다는 생각을 해본다. 그러고 보면 인간의 역사는 알고 보면 호기심의 역사이고, 소문의 역사가 아니었던가. 시인은 분명 대상objet이 지닌 삶의 비밀을 캐어 소문내는 불량한(?) 사람이 아닌가?

나는 평소 대상의 관계성과 소문에 관심을 많이 갖는다. 소문을 낼 바엔 정말로 모든 사람들이 제대로 믿을 수 있는 소문을 내자는 것, 암시적 진실로 호기심을 자극하는 소문을 퍼뜨리자는 것이 평소의 지론이다.

그러기 위해서는 나타리 골드버그처럼 뼈 속까지 내려가서 써야 한다. 쌩떽쥐베리처럼 사물을 바라볼 때 겉모습이 아닌 본질을 제대로 볼 수도 있어야 한다. 겉모습보다는 본질을 바라보는 통찰과 뭔가 특별하게 의미 있는 관계 맺기, 고정적인 관념을 해체하며 새로운 상상력으로 안내하는 눈이 있을 때 비로소 믿을 수 있는 소문이 된다. 그렇게 될 때 비로소 정직한 상상력이 시작된다.

박효숙 시인의 상상력은 참 정직하고 착하다. '물이 꽃이 되고 다시 물이 되어 젖는, 모든 것들의 처음으로'(「물봉선화」)처럼 순환과 순응으로 처음의 모습에 기댄 상상력은 정직할 수밖에 없다. 아득한 유년의 체험 속에서 '마른가지 움틔우는 햇살의 부리, 꽃잎은 손으로 부화'(「줄탁동시」) 되는 시인은 천성적으로 거짓말을 하지 못하는 성격도 그렇지만, 그녀를 견디게 해주는 긍정의 가치관과 삶의 생체험이 시의 건강한 텃밭이자 근원이 되어 고스란히 시 속에 안겨있기 때문이다. 그래서 그녀의 시를 만나면 삶에 대한 너그럽고 따뜻한 시선을 만나게 될 뿐만 아니라, 늘 맑고 밝은 세상을 친절하게 안내해 주는 때 묻지 않은 그녀의 눈길도 만나게 된다.

그녀의 시적 진실은 세상, 세계, 경험, 의식 등과 견주어

발견한 것, 그리고 일상적 체험을 통해 찾은 진정한 자아에서 출발하고 있다. 이러한 그녀의 시적 발견은 온통 꽃으로 매개되어 있다. 즉, 꽃의 은유다. 시의 심장이 은유라는 점에서 그 은유의 본질에 대한 관심과 서정의 구체에 뿌리 내린 소통의 통로를 잘 찾아내어 이를 자아발견의 통로로 연결시킨다. 시를 통해 불편했던 자신도 만나고 불화했던 자아도 만나면서 닫히고 묶여 있던 자신을 풀고 헤치면서 낯익음 속에서 낯선 자신을 만나려 한다. 세상의 모든 소통을 무언극으로 치환하는 상상도 해 보면서 과거와 현재, 비유세계와 실제세계를 일대 일로 대응시킨다. 시적 대상, 혹은 상황을 좀 더 일상 쪽으로 구체화함으로써 애정 깊게 응시한 시도 많고, 스스로의 경험적 구체성에 정직한 화법으로 진정성과 독자성까지 확보하고 있다. 서정적 구체성과 투명성을 동시에 살려주면서 신뢰성을 획득하고 있기 때문이다.

그녀의 시는 꽃의 의미체험과 꽃을 통한 자아성찰의 은유라는 두 가지 화소를 갖고 있다. 이를 통해 잃어버린 동심과 잃어버린 삶의 풍경에 대한 그리움을 드러내고, 잃어버린 처음의 모습을 다시 정립하고자 한다.

그녀의 시편들에 한결같이 등장하는 꽃은 김춘수의 「꽃」에서처럼 본질 규명에 대한 꽃의 존재론적 포즈로 자리하면서 나아가 자아성찰의 은유로 역할수행을 한다. 그녀는 꽃에서 생을 배우고 꽃에서 삶을 탐색한다. 이 간단한 명제가 바로 박효숙 시인의 미적 상상력을 견고하게 떠받치는 축이다. 즉 꽃은 해맑고 순수한 시인의 본래적 자아에 대한 간절함이 반영된 시적 오브제가 된다.

일상적 사물과 현상에서 생의 본질을 들여다보고 탐색해 내는 작업, 봄부터 가을까지 심지어 겨울까지 우리 주변은 꽃들이 피고 눈부시게 명멸해 가는 모습을 보면서 그 인상을 새롭게 탐색해 내고 미적으로 승화시키는 것은 그리 쉬운 일이 아니다. 그러고 보면 그녀는 꽃에 대한 미추美醜의 감정적인 대응보다는 유추적이고 투사적인 의미조응으로 꽃을 바라보고 그 꽃을 통해 동심적 삶의 원형과 존재론적 의미를 탐색해 내려한다.

빈 하늘 바라보다 한 잔 하고
꽃이 피고 지는 사이사이 한 잔 하고
시 한 편 낭송하다 솔깃한 그리움에 한 잔 하고
산길에서 주운 바알간 낙엽 두어 장 마주보며 한 잔 하고
굳은 혀를 풀려고 이따금 한 잔 하고
상강 지나 마음 바빠진 겨울 어깨가 움츠려들어 한 잔 하고
스러지고 차오름이 내 마음 같은 달 보며 한 잔 하고
창문에 하나둘 불 켜지면 한 잔 하고
밤을 밝히는 빗소리도 불러서 한 잔 기울고

우리 언제 한 잔 하자는 얘기에 마음으로 미리 한 잔 나누고
이 남아도는 나를 어찌해야 할까,
탁자에 앉아 한 잔 홀짝이며 적막해지다가
문득, 꽃들을 바라보며
안녕? 얘들아, 한 잔 할래?

—「어떤 심심풀이」 전문

'탁자에 앉아 한 잔 홀짝이며 적막해지는' 독작이 독백으로 읽힌다. '문득, 꽃들을 바라보며, 안녕? 얘들아, 한 잔 할래?' 하며 되묻는 독백에서 시인에게 산다는 것은 혼자서 한잔 하는 '어떤 심심풀이'일 수 있다.

그녀의 꽃은 세상의 외진 곳에 위로가 되고 벗이 되어주는 존재론적 상상력의 원형으로 자리한다. 시인의 일상을 그대로 전하려는 의미요소로써의 꽃이기에 꽃이면서 자신이 되고, 외롭고 쓸쓸한 시인의 삶을 문득문득 긍정 혹은 그리움으로 환기시켜주는 장치가 되기도 한다. 그래서 그녀의 시에서 꽃은 스스로 피고 지는 실존이면서, 고요한 힘의 원형심상으로써 존재의 본질을 규명하려는 상상력의 근원이 된다는 것에 주의할 필요가 있다. 왜냐하면 꽃은 곧 시인 자신에 다름 아니기 때문이다.

깨어있는 길은 적요 속의 절간,
바람에 씻지 않은 발은 들여놓지 않는다
'쉿, 풀잎 위에 잠든 물별들 깰라,
바람아! 쪽담을 넘지 마라
어제 밑줄 친 달개비 꽃은 오늘도 무심이구나'

—「새벽산책」 부분

이 시에서 무심의 달개비꽃 역시 시인이다. 스스로 고요하려는 독백의 배려야말로 그녀가 삶을 견디는 힘이기도 하다. 고요 속에 삶의 환한 빛깔로 다가서고 싶은 여성적 섬세한 욕망도 그렇지만 세상의 외진 곳을 여리게나마 보듬어 주려는 배려도 놓칠 수 없다. '쉿 풀잎 위에 잠든 물별들 깰라, 바람아 쪽담을 넘지 마라'는 고요의 힘을 유추적 상상력으로 풀어 보이고 있다. 이것이 그의 꽃 들여다보기다. 이점에서 그의 꽃에 대한 통찰은 존재의미를 새로이 전이하고 세계를 자신의 내부로 끌어들이는 사랑이자 힘으로 자리한다.

바위 틈 사이로, 가시덤불 사이로, 숨죽인 사흘만이다 바람을 향해 몸을 돌리는 순간, 노랑나비 흰나비 떼 지어 앉아있는 듯 덤불속 꽃무리, 하늘 한쪽에선 햇살 내려오고 숲은 기쁨으로 푸르게 일렁인다 그 눈빛 넋 놓고 바라보는데 언뜻 지난밤의 꿈 생각이 스친다 안아보고 싶어서, 기대보고 싶어서, 둘레

둘레 둘레길 함께 걸어보고 싶어서, 그리운 것들이 산처럼 많아도 그저 바라보기만 했던, 한동안은 환할 꽃 편지로 화면을 물들이는 딸아, 인동초 꽃이란다

—「응시」 부분

옷깃을 여미는 시선 흐려지기가 몇 번
웅크린 집들의 추위처럼 흔들리는 가슴 속엔
겨울비에도 그리움은 늘 피어 있어요
오래된 흑백영화의 자막처럼 흐르는
유리창 너머로 종일 추억을 관람하는
그 여자, 눈동자 흘러내려요

—「비 온 겨울 아침」 부분

안아보고 싶고 기대보고 싶고 함께 걸어보고 싶은 사랑은 결국 고요하게 견디고 견딘 후에 피는 인동초 꽃임을 보여준다. 응시는 결국 자신을 바라보는 시선이면서 또 다른 의미 체험을 위한 시작이다. 겨울비에도 그리움이 늘 피어있는 그녀, 종일 추억을 관람하는 그녀, 눈동자가 흘러내는 그녀는 시인의 자아성찰의 자화상일 수밖에 없다. 이제 시인은 잠깐만, 숨을 고르려 한다. 서두르지 않으려 한다. 여유를 위해 잠시 지친발걸음을 멈추려 한다(「쉼표」)

그의 또 다른 조형적 특싱은 여기에 있나. 선고한 세계의

질서를 자기 안으로 끌어들임으로써 오히려 외적 대상에서 자유로울 수 있는 사유를 할 수 있다는 점과 직접제시가 아니라 함축적으로 제시하는 방법론에 있다. 이러한 방법론은 감상자에게 논증적인 진리보다는 심정적인 깨달음을 안겨줄 뿐만 아니라, 대상을 통해 그가 이해한 삶을 엿보게 함으로써 공감을 갖고 미적 상상력에 동참하게 한다.

등을 찌르는 칼날로 돋아
결코 깃들 수 없는 사랑과 증오의 통증으로 굳어진
저 꽃.

빛을 보내는 누군가와 순응하며
부드럽게
따뜻하게
균열이 필요한 그대

—「서릿발」 부분

증오보다는 사랑의 통증으로 굳어진 꽃, 서릿발은 통증까지 꽃으로 승화시키는 시인의 긍정적인 정서가 인상적으로 다가온다. 이제는 좀 더 부드럽게, 따뜻하게 균열이 필요한 자신에게 최면을 걸기로 하면서 자아정체성을 찾고자 한다. 자신의 삶을 결코 흩트리지 않으려는 의지로 때로는 지난 상처를 자기화 하려는 의지가 되는가 하면, 또 때로는 세월의 흐름 속에 사라진 삶의 풍경에 대한 아쉬움과 향수로 자리한다. 이처럼 그녀의 시에서 꽃은 자아정체성 찾기와 관계성 규명을 위한 여러 상징으로 나타난다.

> 가을 햇살 담금질에
> 무너지기 시작하는 아, 거기 물 한 됫박 흥건하지
> 대낮같이 해맑은 유리 궁 안에서도
> 노을빛 정염은 푸른 날것들을 유혹하지
> 제 몸을 다 바쳐 피운 꽃,
> 그녀의 양수가 커다란 소沼를 이룰 때
> 가슴을 빠져나가지 못한 호흡의 비명은
> 뭉게뭉게 비눗방울로 피어오르지
> 젖은 무릎이 지평 아래로 잠기기도 하지
> 나날이 사위어 가는 그녀,
> 지나 온 길은 곡진도 하지
> 라벨을 달고 포장을 마친,
> 새콤달달 상큼한 감식초로 탈바꿈하는 일이
> 그녀의 달리는 유일한 꿈이지
> 뇌혈관 실핏줄까지 아릿하게, 또 말갛게 틔어 오는
> 그녀의 화엄세계,
> 부활이 있다면 아마 저 빛깔 저 맛이겠지

오명 가명 항아리 속에 던져 둔
잘 익은 감 지금, 숨 가쁘게 맑다

—「러너스하이」 전문

제 몸을 다 바쳐 피운 꽃, 새콤달달 상큼한 감식초처럼 곡진한 삶, 말갛게 틔어오는 화엄의 빛깔 등이 하나같이 자신의 삶에 대한 동의어가 된다. 숨 가쁘게 살아왔지만 그래서 더 맑기만 한 삶이 화엄의 세계가 아닐까. 부활이 있다면 바로 발효가 다 된 후에 위쪽에 고여 있는 맑고 순수한 사랑이 아닐까 싶어 새삼 인간에 대한 사랑의 빛깔을 체험하게 된다. 사랑은 자고로 인간이 영원과 불멸을 이룰 수 있는 유일한 방법이면서 인간에게 가장 중요한 감정이고 가치이며 행위에 의미를 준다. 그녀는 사랑이야 말로 삶의 필수조건임을 이 시를 통해 확인시켜 준다. 그동안 우리는 사랑의 본질에 대해서, 사랑의 방법에 대해서, 왜 사랑해야 하는지, 사랑하는 이름에 걸맞는 사랑에 대해서 막연하게 생각했었는데, 「러너스 하이」를 통해 아 사랑은 이런 것이고 저렇게 해야 하는 것임을 감지하게 된다.

수면 위로 튀어 오르던 햇살의 비늘
연꽃 든 손 너머로 별똥별 지고

긴긴 여름 칠흑같이 젖은 진흙 속에서
시린 무릎 묵언으로 가라앉혀
태초의 순결로 물처럼 투명하게
속 뜰에서 피워 올린 돈오의 꽃,
내 안의 어둠을 걷어내면서
빈 밭의 저녁 식탁을 환하게 꽃 피운다

—「연뿌리, 꽃 피우다」 부분

연뿌리를 다듬는 손끝에서도 꽃이 피고, 진흙 속에서 시린 묵언의 삶도 투명하게 돈오의 꽃이 되어 피어있는 의미체험을 유비와 연상으로 풀어낸 상상력이 매력으로 다가온다. 꽃이 피는 과정의 끊임없는 파장들에 우주가 뜨겁고(「제라늄에 살랑거리다」), 작은 무게로 숨죽여 온 우주를 끌어안고 꽃잎 깊숙이 감춘 언어의 사리를 보게 된다.(「맨드라미 일기」) 박효숙 시인의 시창작의 매력은 꽃과 꽃, 대상과 대상의 의미망을 낯설면서도 긴밀하게 관계짓는 자유롭고 밝은 연상과 유비의 상상력에 있다.

예순 넘어서야
애기나리꽃 이름 알게 되었네

백합 닮은 그 꽃을

애기 손톱만한 그 꽃을
해마다 오월이면 피었을 그 꽃을
내가 애기였을 때도 피었을 그 꽃을
하찮은 풀이라고
뒤뜰의 잡초라고
관심 두지 않았네

바람 한 톨에도 고개 숙이고
이슬 한 방울로도 여유로운 미소
애기로만 살다가 가는 꽃

예순 넘어서야 겨우 알았네

—「애기나리꽃」 전문

이제 시인에게서 꽃은 다시 자신의 본래적 모습으로 되돌아가는 유년의 자화상이 된다. 나이가 지긋해서야 만나는 애기나리꽃은 '바람 한 톨에도 고개 숙이고, 이슬 한 방울로도 여유로운 미소로 애기로만 살고 싶은' 시인의 자화상이 아닐까. 그래서 시인에게는 멀리 있는 딸도 투명한 씨방 속 다디단 꽃무늬로 화안하고(「기억의 무늬」), 한창 꽃을 피우던 그 때를 생각하고 밝은 빛 속에서 살랑거리는 것이다.

뿌리들이 불끈불끈 힘을 줄 때마다, 바람의 여린 손끝에도 밤은 붉어 밤새도록 수태受胎를 한다 생이 끓는다 제 날을 가득 채우는 열정적인 모습에 반한 나는, 요즘 그녀들의 연인이다 하루 종일 눈을 맞춘다 내 눈 속의 꽃이, 꽃 속의 내가 한 몸 되어 피어난다

날마다 아이들이 태어나는 그 집, 사랑을 배달하는 꽃씨 우체국이다

—「꽃씨 우체국1」 부분

이슬방울 하나로도 부풀어 오르는 우리의 사랑, 그대 돌담 아래 떨어진 초록 엽서 한 장으로 흐르고 싶어요 봄비가 내리기 시작해요 들어봐요 상처 났던 자리에도 내일이면 은종소리 들릴 거예요 햇빛이 반짝거릴 시간은 아직은 더 남아 있어요 이제 꽃 밝은 아침을 한 아름씩 엮어 그대에게 부칠 게요 '어서 오세요 행복을 드릴 게요', 라고 울타리에 분홍빛 현수막 하나 쯤은 걸어둬야겠지요

자박자박 어린 것의 맨발이 걸어 나와요 순간 애틋해져요
숨소리가 들려요
그 맑은 눈빛 앞에선 아무 것도 고집할 수 없어요

—「꽃씨 우체국2」 부분

꽃씨 속에 안겨있는 삶의 무늬를 시인의 눈 맑은 동심으로 풀어내고 있다. '날마다 아이들이 태어나고 자박자박 아이들이 걸어나오는' '아무것도 고집할 수 없는 그 맑은 눈빛의' 꽃씨의 집. 그 집에서 피어나 살고 있는 꽃은 시인의 연인이면서 사랑의 대상이자 한 몸이 된 시인 자신이다. 시인의 사랑은 이슬 한 방울에도 부풀어 오르고 봄비에도 햇살에도 반응한다.

그녀는 종일 집 밖에 나와 있다. 얼마 전만해도 수줍은 웃음으로 거실 깊숙이 들어와 한가로운 한나절을 보냈었는데, 봄비 자욱이 내리는 사월 지나면서 눈곱 안 뗀 어린 것들을 남겨 둔 채 베란다에 반쯤 그늘을 드리우고 슬며시 자리를 비운다. 심상치 않다. 흩어진 꽃잎들 어디 먼데 닿았을 무렵, 그녀의 바깥 산책이 길어진 이유를 한참 뒤에야 알았다. 오랜 허기를 채우려고 이른 새벽부터 숲길을 기웃거리는가 하면, 어느새 돌 틈의 작고 노란 꽃을 향해 부지런히 다가가는 그녀를 본다. 꽃 진 자리도 다독거리며 어린 열매를 안고는 반나절을 보내기도 한다. 바삐 걸음을 옮기는 행인들 사이로, 흰나비를 데리고 노는 쑥갓꽃 위로, 사슴 눈망울 같은 감나무 잎사귀로도 시선을 옮긴다. 배부르면 하늘거리는 가지를 타고 내려와 몸 누일 그늘을 찾기도 한다. 찰랑찰랑 초록이 차오르는 입하 지나자 열매 속살처럼 잘 익은 만삭의 그녀, 터진 포자들로 날아오른다.

—「햇살의 체형」 전문

꽃의 동심적 의미는 시인의 맑고 고운 심성에 맞물려 의미 수행을 한다. 초등학교에서 한평생을 생활한 시인의 시심은 온통 동심이 밑바탕이 되어 있다. 새벽 숲길을 기웃거리고, 작고 노란 꽃을 향해 부지런히 다가가는 그녀의 동심이야말로 삶을 견디게 하는 힘이면서 다가오는 내일을 바라볼 수 있는 눈 맑은 응시가 된다.

민들레 홀씨 날리는 시은이 머리, 사뿐사뿐 나비 날개 나슬이 치마, 제 키보다 높이 뛰는 수인이 다리, 만세 부르다 들킨 효원이 배꼽, 서연이의 뒤꿈치는 엉덩이를 밀어요, 수윤이 병글입은 두 귀에 걸렸어요, 엉거주춤 진미는 한 번도 못 넘어요, 기도하는 두 손 지원이는 떨려요, 앙다문 입술 또랑또랑 지민이 두 눈, 눈물 글썽 무서워요 순둥이 현지…

긴 줄넘기 하는 날
서로 다른 얼굴들이 꽃피어 오른다
둥글게 길쭉하게 넓적하게 뾰족하게
잎새처럼 싱그럽게 웃고 울고 뛰면서
서로의 다름을 보듬어 깊어지는 아이들
꽃보다 아름다운 시, 다디단 바람의 숲,
막이 열린 작은 우주다

—「체육시간의 단상」 부분

교육자로서 아이들의 삶의 터를 잡아준 시인의 체육시간 풍경이다. 아이들이 꽃으로 피어있다. 교육은 작은 우주의 열림이며, 아이들로 하여금 '서로의 다름을 보듬어 깊어지게' 하는 과정이다. 이 순간에는 가르침을 주고받는 교육의 현장이 아니라, 꽃이 되어 작은 우주를 열어가는 아이들의 모습이 오버랩 된다. 아이들이 바로 꽃이다. 시인의 가슴에서 열리고 있는 작은 우주다. 꽃으로 은유된 '참 교육'의 의미가 시의 밑 부분에 동심으로 깔려 있다. 이 또한 교육자로서 시인의 동심적 자아성찰이기도 하다.

> 늦가을 소국 같은, 이름도 모두 숙淑자 돌림인 세 분 언니, 스치는 손길 하나만으로도 내 귀퉁이는 윤이 나고 어둠 속에서도 꽃 밝은 잠을 청할 수 있다 큰언니라면 모를까, 기껏해야 두 살 위인 셋째언니까지도 나를 아가라고 부른다 호호 할머니가 된 나를 막내라니, 가끔은 실소도 하지만, 그래도 그 말에 은근히 물든다 달근해서 당긴다 기꺼이 어미닭의 병아리가 된다 마른 가지 움 틔우는 햇살의 부리, 괜찮다 괜찮아 토닥토닥 내미는 꽃잎의 손, 나는 날마다 부화된다 부활이다
>
> —「줄탁동시」 부분

시인의 또 하나의 꽃의 은유는 먼 곳에 자리한 자아에 대한 그리움이다. '물이 꽃이 되고 꽃이 물이 되어 젖는, 모든 것들

의 처음으로, 배냇시절의 너를 안고 네가 나에게 오는'(「물봉선화」), 겨울비에도 늘 피어있는 그리움과 오래된 흑백영화의 자막처럼 추억을 관람하는(「비 온 겨울 아침」) 시인의 꽃의 은유는 어린 시절에 대한 회상이면서 동심적 자아에 대한 향수다. 꽃만 피어도 전화하고 비와도 전화하고 별이 떴다고 전화하며 날마다 주고받으며 톡톡 부르고 깨우면서 서로의 음파에 귀 기울이는 시인의 형제애는 먼 곳에 자리한 때 묻지 않은 그리움의 화법이다. 소국 같은, 목련꽃 같은, 그 속에서 날마다 부화하는 시인의 꽃의 은유는 지금도 진행형인 동심의 존재론적 의미체험이다. 단아한 몸짓이었고, 그리움의 열망이었고, 햇솜 같은 마음이었다.(「꽃 지는 날의 소묘」)

가을 돈부콩이 탱글해요 아직 설익은 놈들이 서로 손을 잡고 있어요 콩이 익어가는 텃밭 햇살 아래에서는 도란도란 이야기도 들려와요 깍지 속의 콩 같은 형제들이, 깍지 속의 콩들처럼 둘러 앉아, 완두콩 강낭콩 메주콩 쥐뉴이콩 욱타리콩…… 깍지를 철따라 한나절씩 또르르 풀어내곤 했어요

세상은 막 물오른 콩깍지 속처럼 푸르고 평화롭기만 했지요 연녹색 방안에선, 풋내 나는 놈들을 놓칠세라 어머니는 탯줄을 뻗쳐 악착같이 붙잡고 있었고요 얌전히 기다리고 있는 놈이 있는가 하면, 이마 또글한 놈들은 손끝만 닿아도 봉숭아씨

처럼 톡톡 튕겨져 멀리멀리 날아가곤 했어요 방이 깨지고 탯줄이 끊어지는 순간 몇 놈은 훌쩍 어디론가 내빼기도 했지요

어느 가을, 멀리 날아간 놈들이 왕 밤톨이 되어 돌아왔다는 얘길 들은 적이 있어요 훌쩍 내뺀 놈들이 금의환향했다는 소문이 바람결에 들리기도 했지만, 나는 아직도 깍지 속 탯줄을 꽉 잡고 있어요 여물어 한 번도 톡톡 튄 적도, 울타리 밖으로 내빼지도 못했지요 어린 시절 숨어있는 콩깍지 속에서 누가 나를 좀 꺼내주세요

—「은유의 콩깍지」 전문

아직도 유년의 텃밭에서 시인은 콩깍지 속 상상적 모자이크로 맑은 동심을 풀어낸다. 동심은 시인이 자신의 삶의 모습을 흩트리지 않고 견지하는 힘이자 행복하고 아름다운 자신을 찾는 풍경이다. '은유의 콩깍지'라는 착상과 비유의 과정이 신선하면서 밀도 높은 관찰과 표현으로 상상력의 긴장감을 더해준다. 평화로운 콩깍지 속은 어머니의 품으로 환치되고, 한 탯줄에서 태어나도 제각각 다른 모습의 아이들을 보면서 나는 아직도 유년의 그 시간에 머물러 있고 싶다. 그러면서 누군가 나를 깍지 속에서 꺼내주기를 외치고 있지만, 속마음은 그 모습 그대로 머물고 싶다.

그녀의 시에서는 이처럼 아득한 유년의 체험이 살아있다.

그때로부터 너무 멀리 와 버린 화자의 현재에 대한 회고적 성찰을 통해 순수한 시대의 본래적 자아를 회복하려 하는 모습은 작품 면면에 보이고 있다. 그래서 시인은 '꿈은 때로 먼 곳을 재생한다'(「풍경의 풍경」)고 한다.

그녀는, 황홀한 향기보다는
나비의 날개를 꿈꾸는 사랑을 해요
사뿐거리며 나풀거리며
고요히 호흡을 가다듬는 바람의 손길에도
솜털 보송보송한 가슴 콩당거려요
겉으론 새침하지만 맑은 영혼을 가진,
달빛과 별빛을 좋아하면서도
햇살의 반짝임 아래서 더욱 눈부셔요
찔레꽃 같은 순수로, 때론 발랄함으로
골짜기든 벼랑이든 두려움 없이
제 삶의 중심으로 만들 수 있어요
사랑 흔들리면 '안녕'이라고
꽃잎 날개 펼치며 망설임 없이 날아가요
맞장을 뜨려고 성을 쌓다가도
시린 별무더기로 한순간에 쏟아져 내려요
그녀, 겨울 눈꽃이에요

—「소녀」 전문

바람의 손길에도 솜털 보송보송한 가슴 콩당대고, 새침하지만 맑은 영혼을 가진, 달빛 별빛 좋아하면서 햇살을 더 눈부셔하고, 찔레꽃 같은 순수로 제 삶의 중심을 만들고, 조금만 흔들려도 꽃잎 날개 펼치며 망설임 없이 날아가는 겨울 눈꽃 같은 시인이다. 가끔, 아주 가끔은 꽃필 가망이 전혀 없는 쑥부쟁이가 되기도 하고 다 털고 난 깻단처럼 그녀 속에 그녀가 없는(「그녀만의 소멸법」) 자신을 만난다. 세월이 지나 어른이 되어서도 지나간 시간의 의미체험은 시속에 그대로 용해된다. 떠난 그의 분신인 구두를 보면서 수묵의 푸른 시간 속에 핀 수레국화(「그리움, 그 수묵의 푸른 시간」)가 되고, 어머니가 되어 어머니를 그리워하기도 한다.

무한한 사랑 포근한 이름으로 다가온 그대는
언 가슴 녹여주는 따스한 빛
햇살처럼 웃으시는 어머니였어
어깨 위의 어둠 한 짐 가만가만 내려놓고
곤한 나비잠을 청하고픈 어머니 포근한 품이었어
밤마다 목화꽃송이로 피어나는
오늘 그대를 만난다

—「어머니 무명 한 필」 부분

어머니 그대 품에 아직 머물러 언 가슴을 녹이고, 무거운 어깨 짐도 내려놓고, 곤한 잠을 청하고픈 어머니는 마음속에 머물러 있는 유년의 시간 체험이고 그리움이다. 순수의 시간과 현재의 시간을 견주는 대비적 심상으로 사람 사는 세상의 따뜻함을 길어 올리는 시인의 은유적 시선이 예사롭지 않다. 그녀의 삶은 늘 꽃이 피고 지는 일처럼 고요하다. 즉 고요의 화법이다. 고요는 여성성과 함께 시상을 전개하는 고요한 힘이다. 낮춘 목소리에는 남성사회에 대한 지긋한 풍자는 물론 꽃자리로 은유된 침묵의 여성성에 대한 따뜻한 시선이 안겨있다.

쉿, 나는 고추가 없었으니까

비껴간 풍경을 지우고 처음부터 다시 태어나야 했었네 너라도 씨감자 하나 달고 나오지…… 수런거리는 침묵의 눈동자들… 한때 나는 그늘 속으로 숨어들던 은유의 달팽이었네… 삿된 기억들의 가장자리는 나의 꽃자리고 평전이네

—「자화상」 부분

뿐만 아니라, '빛이, 바람이, 시간이 아무 소리도 없이 말도 없이 차돌처럼 희고 단단한 절대의 고요를 키우고 있는'(「빈집의 습관」) 시인의 삶도 그렇고, '시들어 떨어지는 꽃잎들 눈여겨 바라봐야 했던 일까지도/어머니 가슴으로 말갛게 삭히고 싶

은 것이다/고요의 화법으로 부활을 꿈꾸는 것이다.(「삭히다」)

그 집은 고요가 지천, 고요 뒤편엔 솔바람이 지천이었지 언덕이며 골목이며 마당귀에 쏟아지는 들꽃들, 다람쥐 지나가면 오솔길이 뚫렸어 흐르는 물은, 찰방찰방 웅덩이도 키우고 토닥토닥 버들치 등을 쓰다듬고 내려갔어 여름 그믐밤엔 반딧불이 무리지어 춤을 춘다는, 호랑이 담배 피우던 시절의 이야기로 오래된 벗들을 불러 모았어 성자처럼 서 있는 키 큰 나무들이, 걸핏하면 세상의 상처 운운하는, 뒤틀린 분재 같은 우리를 기다리고 있었어 우듬지의 둥근 손인사가 멋진 심지 큰 어른나무, 듬직한 세월의 손길도 만났어 어린 나무들을 가슴에 품어주는 굳고 정한 바위의 정담情談이 흐뭇했지 바람과 햇살과 나무와 꽃들이 서로의 어깨를 껴안아 둥글게 세상을 키워가고 있었지 햇살 맑은 그림 숲을 거닐었지

아침 고요 수목원 그 뜰에 나, 물들었지

—「프리허그의 뜰」 전문

'그 집은 고요가 지천, 고요 뒤편엔 솔바람이 지천이었지' 진술의 힘이 받쳐져 있다. 그 고요 속에 세상의 모든 존재들인 솔바람, 들꽃, 다람쥐, 시냇물, 웅덩이, 반딧불, 키 큰 나무들이 서로를 껴안아 세상을 키워가고 있다는 온생명 사상이

밑 받쳐져 있다. 그 시인인 화자도 낱생명으로 자리하면서 자연과 더불어 한 몸을 이루며 사는 관계성을 보여준다. '서로의 어깨를 껴안아 둥글게 키워온 세상'이라는 하나의 거대한 생명 속에 '나'란 낱생명과 보생명의 개체를 이해하게 한다. 숲을 보고 나무와 꽃을 보는 '프리허그의 뜰'이야말로 시인이 꿈꾸던 이상적인 삶의 공간이다.

> 개울을 곁에 끼고 걷는 숲길, 길 따라 오르는 발길과는 달리 마음은 물소리 따라간다 발걸음 멈추고 뒤돌아보니 멀리 보이는 산도 가까이 서 있는 나무들도 입춘 지난 눈빛 푸근하다 섬돌 위에 앉아있는 정갈한 고무신과 어디선가 다듬이 소리 들릴 것 같은 낯익은 뜰, 키 낮은 돌담의 홍매화 가지 위로 햇살이 톡톡 꽃봉오리 빚는다 햇볕을 당기느라 연못 위 홀로 처진올벚나무는 올올이 제 깃털을 허공으로 띄운다
>
> —「맑은 날」 부분

시는 맑은 눈으로 세상의 풍경과 표정을 읽어내는 작업이다. 차윤정의 「숲의 생활사」처럼 숲 속에서 벌어지는 생명의 탄생과 소멸, 부활의 이야기를 역동적으로 보여주고 있다. 숲 속에 존재하는 생명들의 작은 움직임부터 마침내 숲이 이루어내는 거대한 하모니까지 시인의 시선은 과장됨이 없이 담담하게 숲의 신비로움을 그려내고 있다. 나무들의 눈빛

이 푸근하고, 홍매화가지 위 햇살이 톡톡 꽃봉오리를 빚고, 처진올벚나무는 햇볕을 당기느라 제 깃털을 허공으로 띄우는 시인의 눈 맑은 관찰과 통찰을 만나게 된다. 숲속 생명들을 그려내는 참신한 구성방식은 숲에서 벌어지는 갖가지 생태현상에 연속성을 부여하며 이를 통해 숲은 '생활'을 하는 '생명체'로 거듭나게 된다.

표피적인 이해가 아닌, 근원적이고 본질적인 이해를 통해 그 내용을 볼 수 있어야 한다는 점에서 박효숙 시인은 숲을 보고 나무를 보는 전이해의 개념으로 대상에 접근하고 있다. 그래서 그녀의 시안은 자연과 공존하는 다큐처럼 생생한 생명에 대한 통찰, 늘 만나는 풍경도 그냥 지나치지 않고 여성의 섬세한 눈으로 자연의 미묘한 움직임을 잡아내고 있다. 그 속에서 '존재하는 것'에 대한 본질적인 탐색은 물론 자아성찰의 은유까지 가능해진다.

사소한 것을 그냥 지나치지 않는다는 것, 사소한 것에서 발견된 새로운 의미가 공감의 폭을 넓혀놓고 대상에 숨겨진 삶의 의미를 짚어내는데 익숙해 있다. 풍경이 곧 시다. 그녀는 풍경 속 풍경을 읽는 즐거운 나들이를 하면서 본래적인 자신을 만나고, 그 밑바닥에 깔려있는 삶의 기본을 찾는다.

햇살 무리지어 모여드는

허물어진 돌담 골목 어귀에
아주 어릴 적 세상이 물빛으로 반짝입니다
산수유꽃으로 에둘러 모여앉아
두 손으로 귀를 닫고 눈을 감고
공벌레가 되었던 코흘리개의
하얀 웃음이 도르르 꽃팝처럼 쏟아졌습니다
바람 한 줄기 서늘하게 허리를 감아도
어둡고 후미진 골목을 지나도
꾹꾹 눌러 펴 담은 향기를 등에 진
햇살눈썹 깜빡이는 아이들의 마음은
벌써 보름달이었습니다
밤이 되어도 환했습니다
낮은 굴뚝에서 삭정이를 태우는 연기
솜사탕처럼 달콤하게 퍼지는 봄 해거름
제 몸을 던져 뜨겁게 외치며
소리의 몸짓으로 피우던 작은 꿈들,
두근거리는 맥박이 허공에 맺혔습니다
햇빛과 바람과 흰나비의 들숨으로
만지는 것마다 하얀 꽃을 피워내던
아이들의 삐에로,
한 쪽 다리 절던 튀밥 튀던 아저씨는
함지박처럼 벌어진 아이들 입속으로
훨훨 꽃팝 날려 주었습니다

수만 개의 별들, 파랑새로 날아올랐습니다

가만히 나를 이끄는 따뜻한 손 하나
벚꽃 환하던 날이었습니다

—「두고 온 정원」 전문

그래서인지 그녀의 화법 또한 진솔하다. 의미는 언어의 힘과 직결되어 있다. 앞서 말한 고요의 화법도 그렇지만 그녀의 시적 진솔함은 존재의 근거에 대한 끊임없는 동심적 호기심과 탐색에서 비롯된다. 만지고 만나는 것 모두가 하나같이 꽃이 되고 꽃을 피우던 그 때를 그리워한다.

그녀의 순결지향의 삶은 동심적 발상에서도 그렇지만 한편으로는 꾸미지 않은 그녀의 일상적인 화법도 한 몫 한다. 요즘의 시편들이 언어와 언어의 시적 관계가 이리 꼬이고 저리 꼬여 도대체 무엇을 왜 이야기하고 있는지 이해하기 어려운 시들이 많은데 비해 그녀의 시적 진솔함은 분별없는 불통의 세계를 분별 있는 소통의 세계로 전환하는데 어려움이 없다. 진실과 솔직함이야말로 막혀있는 답답함을 풀어주는 유일한 길임을 알기 때문이다.

하늘 위 푸른 별에서 사랑을 길어다,

사랑의 눈빛 그 속 눈빛을 길어다
세상의 목마른 밭이랑에 뿌려주는 일이다
억겁의 세월 흘러도 지워지지 않을,
쓰고 쓰고도 남고 남아넘치는 어머니의 품

끝없이 꽃이 와 앉고
끝없이 잎이 솟고

—「햇볕 공작소」

삶의 경험을 지나친 감정적 과장 없이 낯익은 언어로 자연스럽게 이야기를 풀어내어 대상의 속성을 잘 풀어내고 있다. 웅숭깊은 말에 대한 천착이 자연스러우면서 기교와 꾸밈, 과장이나 엄살이 없이 기억을 다루고 있는 언어부림을 보인다. 「햇볕 공작소」는 '재해석된 햇볕에 대한 낯익고도 낯선 화법이 인상적인데 '세상의 목마른 밭이랑에 뿌려주는 햇볕'을 '쓰고 쓰고도 남고 남아넘치는 어머니의 품'에 연결함으로써 '끝없이 꽃이 와 앉고 끝없이 잎이 솟고'하는 연상으로 시적 의미 폭을 넓혀놓고 있다. 즉, 햇볕은 세상의 어머니라는 새 개념을 읽어낸다. 그녀의 언어적 상상력이 돋보이는 이유다.

간곡어법, 경험을 담담하게 진술할 때 언뜻 언뜻 오버랩 되는 정경들, '자신의 기억을 말에 걸칠 때 그 말의 결을 스스로 발명해 내는 것이 시의 새로움이란 사실을 증명하는 문장들'을 만난다. 은유된 말의 머뭇거림과 확장, 풀림과 맺힘이 한 편의 시를 완성한다. 즉 언어로 만든 점과 선, 리듬으로 시의 경계를 마련하고 동시에 언어적 상상으로 세상을 더듬어 나가고, 더불어 세계를 어루만진다. 그렇다고 현란하고 모호한 언어적 기교로 혼란을 주지도 않고 시가 지녀야할 응축과 긴장의 요소를 잘 담보하고 있다. 담담한 어조로 일상 속에 안겨있는 삶의 행복을 더듬어 내고 있는 손길에 믿음이 간다. 좋은 시는 시인의 내면과 외면을 아우르고 인내한 과정에서 나온다는 것을 알 수 있다. 그 점에서 시를 접한 후 오랫동안 잔상으로 남아있는 시구들을 정리해 보았다.

> 입춘 지난 나무들의 눈빛도 푸근하고, 홍매화 가지 위로 햇살이 톡톡 꽃봉오리 빚는다/햇볕을 당기느라 연못 위 홀로 처진 올벚나무는 올올이 제 깃털을 허공으로 띄운다
>
> ─「맑은 날」

> '쉿, 풀잎 위에 잠든 물별들 깰라, 바람아! 쪽담을 넘지 마라
>
> ─「새벽 산책」

> 해거름이 어둑어둑 수묵으로 번지면/쪽문으로 별빛이 숨어들고/이 빠진 버들무늬 접시 위로 달이 사뿐히 내려앉던/옛집 부엌
>
> ─「고전의 부엌」

도토리묵을 먹으면서, 나는 가끔 사랑을 생각한다 부드러움에서, 매끄러운 살빛에서, 젤리처럼 감기는 감칠맛에서, 또 그 떫고 씁쓸한 뒷맛에서, 아슬아슬한 젓가락질에서 사랑을 읽는다

—「도토리묵」

빛을 따라 나오는/어머니, 별, 아이들, 골목길, 그리고 소 울음/눈을 감아야만 갈 수 있는, 풍경의 풍경이다

—「풍경의 풍경」

세상은 막 물오른 콩깍지 속처럼 푸르고 평화롭기만 했지요 연녹색 방안에선, 풋내 나는 놈들을 놓칠세라 어머니는 탯줄을 뻗쳐 악착같이 붙잡고 있었고요

—「은유의 콩깍지」

'사랑해' 라고 그녀에게 써 내려간 문장은/아득한 바람의 무늬, 언제나 그의 과거형/노랗게 묻어나는 기억을 털어내며

—「별 한 마리가」

뇌혈관 실핏줄까지 아릿하게, 또 말갛게 틔어 오는/그녀의 화엄세계/부활이 있다면 아마 저 빛깔 저 맛이겠지/오명 가명 항아리 속에 던져 둔/익은 감 지금, 숨 가쁘게 맑다

—「러너스하이runner's high」

긴긴 여름 칠흑같이 젖은 진흙 속에서/시린 무릎 묵언으로 가라앉혀/태초의 순결로 물처럼 투명하게/속 뜰에서 피워 올린 돈오의 꽃,/내 안의 어둠을 걷어내면서/빈 밭의 저녁 식탁을 환하게 꽃 피운다

—「연뿌리, 꽃 피우다」

부드러운 바람에도 나풀거리는/마가목 덜꿩나무 가막살나무 순백의 꽃/마음 온통 부풀어 속살 훤히 비칠라

—「꽃섬」

울타리 오르는 나팔꽃을 그려줄까/햇살만큼 밝은 말도 담아줄까/내 손 가만히 이끄는 조막만한 꽃분/봄 아이 하나 들인다

—「입양」

쿡, 쿡 누군가 웃기 시작했어/바스락바스락, 속닥속닥 말했어/누굴까? 이 시간에? 두더쥐처럼? 무릎걸음은 왜?

—「봄, 날아오르다」

발갛게 달아오른 수만 언어의 사리/꽃잎 깊숙이 감춘/너, 너의 샤머니즘이 뜨겁구나

—「맨드라미 일기」

그녀는 한없이 열리는 문이다/날이 날마다 아이 많이 만드는

이웃집 여자처럼/치마폭을 들춘다

―「제라늄에 살랑거리다」

소리꽃이 피는 그 집, 그 집엔 고요가 만 평, 고요 뒤편에 살고 있는 웅근 소리도 만 근

―「고요의 뒤편」

세상 모든 햇빛을 끌어다 모으면 이렇게 밝아질 수 있나요
세상 모든 햇볕을 안아서 모으면 이렇게 따뜻해질 수 있나요
저녁노을 한데 모으면 이렇게 붉어질 수 있을까요

―「오르가즘에 대한 고찰」

요놈 봐라, 어제만 해도 허공 짚기로 옹알거리더니 우주의 성찬에 배가 부른 걸까 엄마 젖내 물씬 까치발 들고 서있다 '날 거야, 나도 날아오를 거야', 한 줌의 푸른 눈빛, 두 팔을 벌린 불굴의 애교다

―「떡잎의 발실」

혓뿌리처럼 겨우내 웅웅거리던 그녀의 목소리 높아지고 엉켜있던 실타래가 술술 풀려요 이제 어디로든 흐를 수 있어요

―「봄, 에피소드」

고요의 화법으로 부활을 꿈꾸는 것이다

—「삭히다」

꽃이 꽃에 닿는 느낌으로 다가오는/돌을 만나면 돌에도 스며드는/한결같이 한결같은 천 년의 미소/거기 어머니와 작은 꽃밭이 있었지

—「천년의 미소」

이처럼 박효숙 시인은 대상을 풀어내고 풀어낸 이야기를 언어적 미감으로 직조하는 힘이 있다. 단어와 단어, 음운과 음운, 행과 행, 연과 연들이 서로 조응하면서 달려간다. 그래서 시인의 시를 제대로 이해하기 위해서는 시의 행간에 앉혀 놓은 의미도 중요하지만, 그보다 시 한 편의 이야기가 전해주는 메시지에 주목하게 된다. 그만큼 그녀의 시는 부분과 전체간의 간극이 아주 치밀하게 관계되어 있기 때문이다.

꽃 한 송이 스쳐가듯
순간, 거미줄에 씌인 나비 한 마리
호명을 기다리는 저 안쓰러운 숨결,
절해고도, 꽃 파도 일렁인다
불현듯 햇살은 온기를 거두고
누군가 벗어놓고 간 옷 한 벌처럼

오월 한낮에 오동꽃 떨어진다
명부전冥府殿 주문呪文은 단단하게 여며지고
허공을 붙잡는 나비 날개 파르르 떨리더니
이내 바람 무늬로 고요하다
내려놓으니 무겁지 않다
아무 일도 아니라는 듯, 아무 일도 없었던 듯
잠시 멈추었던 구름은 다시 하늘로 흘러가고
낮은 새소리 무연히 울린다
한 개의 문을 사이에 두고
이승과 저승은 눈 깜짝할 사이다

—「명부를 엿보다」 전문

'거미줄에 걸린 나비 한 마리, 떨어지는 오동꽃, 허공을 붙잡고 파르르 떨리더니, 이내 바람무늬로 고요하다, 내려놓으니 무겁지 않다, 아무 일도 아니라는 듯, 아무 일도 없는 듯, 잠시 멈추었던 구름은 다시 흘러가고, 한 개의 문을 사이로, 이승과 저승이 눈 깜짝할 사이다.' 시의 행과 행들이 「명부를 엿보다」라는 주제성에서 단 한치도 벗어나 있지 않고 있다.

이처럼 그녀의 시는 언어의 통섭으로 이야기를 직조하는 힘이 있다. 그녀의 체험과 관찰이 서정적 순간들을 이끌어내어 부드러운 묘사와 딱딱한 의미를 교직하게 하면서, 삶의 내막을 투시하는 젊고 발랄한 상상력까지 내보이고 있다.

그것은 그녀가 감정을 냉정하게 통제하면서 정교한 언어부림까지 가능한 것은 대상의 호명법이 남다르기 때문이고 참신한 은유와 환유적인 이미지를 적절히 구사하면서 표현하고자 하는 내용을 모두 소화해낼 줄 알기 때문이다.

뼈 속까지 내려가서 써라. 나타리 골드버그의 말이다. 자신의 내면 깊은 곳까지 내려가 자기 마음의 본질적인 외침을 들어보라는 말이면서 내가 알고 있는 나만의 생각과 감정이 담긴 시를 쓰라는 말이다. 자신의 뿌리를 이해하면서, 자신의 이야기에 귀를 기울여야 한다는 말이다. 겉모습이 아니라 본질을 바라볼 수 있는 힘에 관한 이야기다. 박효숙 시인의 시를 만나면 늘 나타리 골드버그의 말이 떠오른다. 그리고 세상의 가장자리마다 던지고 있는 그녀만의 눈맑은 질문법과 호명법이 나의 눈과 귀를 즐겁게 했다.

박효숙 시인, 온통 꽃이고 꽃밭인 그녀, 때 묻지 않은 환한 꽃의 열림과 닫힘, 그녀의 세상을 만나면 진정으로 호기심 가득한 떡잎의 말들과 꿈꾸는 시 한 구절의 숨결을 「떡잎의 발설」 만나고, 우리 생의 안마당을 들여다보는 즐거움이 정겨운 울림으로 때로는 친근한 미적 감화력으로 다가온다.